Dr. Katja Doubek / Cornelia Grüter
Gabriele Matthes / Anja Wesner

Deutsch
Visuelles Fachwörterbuch
Koch/Köchin

Buch mit Audios online

Hueber Verlag

Den kostenlosen MP3-Download zu diesem Titel finden Sie unter www.hueber.de/audioservice.

Der Verlag und die Autoren bedanken sich bei Dr. Monika Hackel und Maria Zöller, Bundesinstitut für Berufsbildung (BIBB), bei Bruno Henrich, Restaurant „Weihenstephaner“, Wiesbaden, bei der Geschäftsführerin RA Sandra Warden und Corinna Fritz, Deutscher Hotel- und Gaststättenverband e. V. (DEHOGA), bei Bobby Bräuer, Restaurant „Esszimmer“/BMW-Welt, München, bei Nathalie Henrich, „Chez Mamie“, Wiesbaden, bei Olaf Kaul, General Manager „Best Western Plus Plaza“, Darmstadt und bei Petros Zafiriadis, Restaurant „Nefeli“, Ottobrunn.

3. 2. 1. | Die letzten Ziffern
2023 22 21 20 19 | bezeichnen Zahl und Jahr des Druckes.
Alle Drucke dieser Auflage können, da unverändert, nebeneinander benutzt werden.
1. Auflage

Umschlaggestaltung: Sieveking · Agentur für Kommunikation, München
Layout und Satz: Memminger MedienCentrum AG, Memmingen
Verlagsredaktion: Elisa Klüber, Hueber Verlag, München und Susanne Billes, Egling
Druck und Bindung: Firmengruppe APPL, aprinta druck GmbH, Wemding
Printed in Germany
ISBN 978-3-19-057480-3

Art. 530_26098_001_01

Das *Visuelle Fachwörterbuch Koch/ Köchin* ist Teil einer neu entwickelten Reihe von Titeln, die speziell für Auszubildende konzipiert wurde.

Studien belegen: Mehr als die Hälfte der Auszubildenden in Deutschland beendet ihre Lehre vorzeitig und ohne Abschluss. Häufigste Ursachen sind mangelndes Verständnis der Fachsprache sowie unzureichende Deutschkenntnisse.

Genau an diesem Punkt setzen die *Visuellen Fachwörterbücher* an. Sie erklären das branchenspezifische Fachvokabular in einfachen Worten und mit ansprechenden Bildern. Gleichzeitig vermitteln sie Informationen zur deutschen Sprache.

Im Hauptteil des Fachwörterbuchs werden prüfungsrelevante und praxisnahe Fachbegriffe aus dem umfassenden Bereich Koch/Köchin bebildert und erklärt. Fotos und Illustrationen zeigen Arbeitsmaterialien, erklären Techniken und verdeutlichen Abläufe. Die übersichtliche Aufteilung in thematisch gebündelte Kapitel dient der schnellen inhaltlichen Orientierung.

Im hinteren Teil des Fachwörterbuchs befinden sich eine alphabetische Liste aller Abkürzungen sowie ein alphabetisch angelegtes Glossar aller Stichwörter und Synonyme. Mit ihrer Hilfe sind alle enthaltenen Abkürzungen und Fachbegriffe schnell aufzufinden.

Die einfachen und klaren Definitionen der Fachausdrücke sind auf Basis des B1-Wortschatzes des Gemeinsamen Europäischen Referenzrahmens formuliert. So sind sie auch für Auszubildende mit Migrationshintergrund sehr gut zu erfassen. Fachbegriffe von A wie Abfallentsorgung bis Z wie Zuschlagskalkulation sind durch die überzeugende Kombination von Wort und Bild leicht zu verstehen.

Alle Stichwörter wurden vertont und auf www.hueber.de/audioservice/ als kostenloser MP3-Download bereitgestellt. Dies unterstützt Deutschlernende bei der korrekten Aussprache.

Maßgebliche Kriterien für die Auswahl der Stichwörter sind der aktuell gültige Rahmenlehrplan, das bundesweit verbindliche Lehrmaterial sowie eine enge Absprache mit Fachleuten und Profis aus Theorie und Praxis.

Ein besonderer Dank gilt an dieser Stelle Dr. Monika Hackel und Maria Zöller, Bundesinstitut für Berufsbildung (BIBB), Bruno Henrich, Restaurant „Weihenstephaner“, Wiesbaden, der Geschäftsführerin RA Sandra Warden und Corinna Fritz, Deutscher Hotel- und Gaststättenverband e.V. (DEHOGA), Bobby Bräuer, Restaurant „Esszimmer“/BMW-Welt, München, Nathalie Henrich, „Chez Mamie“, Wiesbaden, Olaf Kaul, General Manager „Best Western Plus Plaza“, Darmstadt und Petros Zafiriadis, Restaurant „Nefeli“, Ottobrunn.

Nomeneinträge

Artikel des Nomens → das **Gusseisengeschirr**

mögliche Worttrennungen → Guss·ei·sen·ge·schirr *kein Plural*

kurz Gussgeschirr

Definition in einfacher und klarer Sprache, bei Personenbezeichnungen wird das generische Maskulinum verwendet. → Töpfe, Pfannen und anderes Geschirr zum Kochen; aus besonders hartem Eisen

04.011

Pluralform: Hinter den möglichen Worttrennungen wird der Plural des Stichwortes angegeben. Hier gibt es keine Pluralform.

Nach *kurz* folgt die kurze Form des Stichwortes. Nach *lang* folgt die lange Form. Als Stichwort wird die häufiger verwendete Form aufgeführt.

Adjektiv-Nomen-Kombinationen

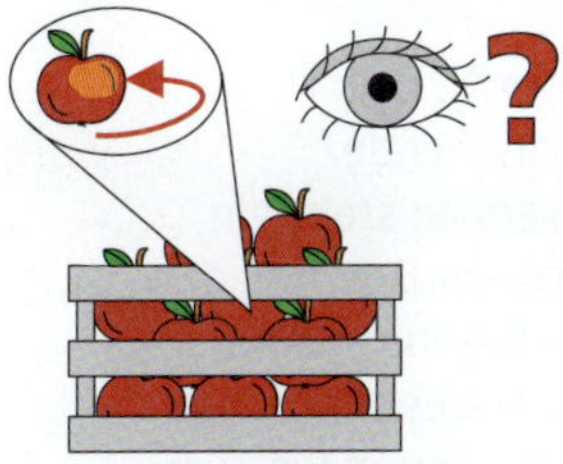

verdeckter Mangel

ver·deck·ter Man·gel

ein versteckter Schaden an der Ware; der Kunde kann den Fehler nicht sofort erkennen

auch versteckter Mangel

16.025

Bei Adjektiv-Nomen-Kombinationen können Sie den Artikel vom Adjektiv ableiten:
-er → der, -e → die und -es → das.

Nach *auch* folgen andere Bezeichnungen, die anstelle des Stichworts verwendet werden können (Synonyme).

Verbeinträge

abziehen ②
ab·zie·hen
<zieht ab, zog ab, hat abgezogen>
hier: Messer mit dem **Abziehstahl** scharf machen (schärfen)
06.001

Wenn ein Stichwort mehrere Bedeutungen hat, bekommen diese eine Nummer und werden nacheinander erklärt.

Bei Verbeinträgen wird die dritte Person Singular im Präsens, Präteritum und Perfekt angegeben.

Begriffe, die einen eigenen Eintrag im Fachwörterbuch haben, sind in der Definition fett gedruckt. Sie können sie im alphabetischen Glossar hinten im Buch finden.

Audiotrack: Unter www.hueber.de/audioservice steht ein kostenloser Download zur Verfügung. Wenn Sie nach dieser Nummer suchen, können Sie sich das Stichwort anhören.

das **Gastgewerbe**

Gast·ge·wer·be <-> *lang* Hotel- und Gastgewerbe
Betriebe, in denen man essen und/oder schlafen kann und dafür bezahlt; z. B. Hotels, Restaurants
auch Beherbergungs- und Gaststättenwesen
01.001

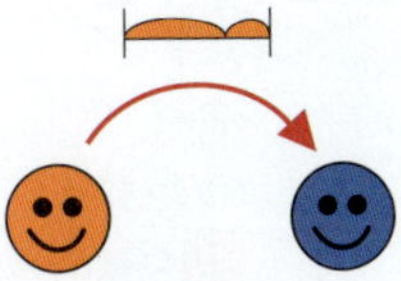

beherbergen

be·her·ber·gen
<beherbergt, beherbergte, hat beherbergt>
hier: einem Gast die Möglichkeit geben, zu übernachten
01.002

bewirten

be·wir·ten
<bewirtet, bewirtete, hat bewirtet>
einem Gast Essen und/oder Getränke bringen
01.003

die Gastronomie

Gas·tro·no·mie *kein Plural*
lang Gastronomiegewerbe
der Teil des **Gastgewerbes**, der sich mit Essen und Trinken und mit dem damit verbundenen Erlebnis und der Kommunikation beschäftigt
01.004

der Gastwirt

Gast·wirt <-e>

die Gastwirtin

Gast·wir·tin <-nen>
eine Person, die ein Hotel oder Restaurant leitet
01.005

das Konzept

Kon·zept <-e>
hier: der Plan, wie ein Hotel oder Restaurant sein soll, welches Angebot den Gästen gemacht werden soll, z. B. Zimmerservice
01.006

das Obdach

Ob·dach *kein Plural*
eine Unterkunft, ein Platz zum Übernachten oder Wohnen; meistens nur für kurze Zeit
auch Quartier
01.007

der **Beherbergungsbetrieb**

Be·her·ber·gungs·be·trieb <-e>
ein Unternehmen, das Zimmer oder Plätze zum Übernachten vermietet
01.008

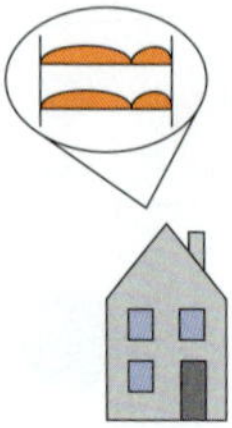

das Fremdenheim

Frem·den·heim <-e>
ein kleinerer Betrieb mit Zimmern für Gäste; häufig privat geführt
01.009

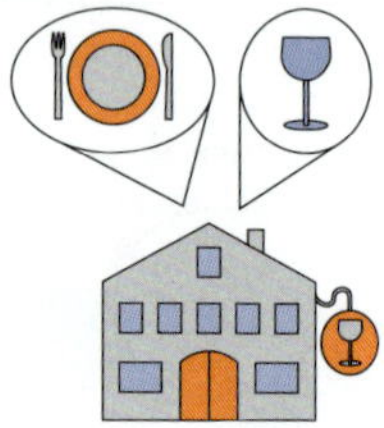

der Gasthof

Gast·hof <Gasthöfe>
eine Gaststätte, in der Speisen und Getränke angeboten und konsumiert werden und in der man manchmal auch übernachten kann; meist auf dem Land
auch Gasthaus
01.010

das Hotel garni

Ho·tel gar·ni <Hotels garnis>
ein Hotel mit Frühstück, ohne warme Mahlzeiten und ohne Restaurant
01.011

das Motel

Mo·tel <-s>
eine Unterkunft an großen Straßen oder Autobahnen für Gäste mit Auto; mit Garagen, meistens 24 Stunden geöffnet
01.012

die Pension

Pen·si·on <-en>
hier: ein kleines Hotel mit privatem Charakter; wenig Service, nicht immer mit Frühstück, nicht viele Möbel
auch Fremdenpension
01.013

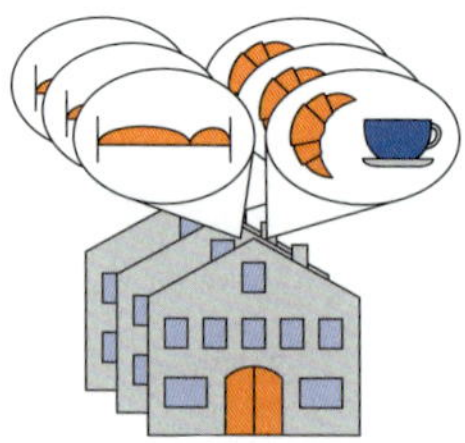

die Systemhotellerie

Sys·tem·ho·tel·le·rie *kein Plural*
eine Form des **Gastgewerbes**; Hotels sind in Gruppen organisiert, Namen, Einrichtung und Service sind jeweils gleich
auch Markenhotellerie
01.014

der Restaurantbetrieb

das **Erscheinungsbild**
Er·schei·nungs·bild <-er>
hier: die Art, in der ein Restaurant eingerichtet ist und wie es sich nach außen präsentiert, z. B. modern
01.015

die **Individualgastronomie**
In·di·vi·du·al·gas·tro·no·mie *kein Plural*
eine Form der **Gastronomie**; einzelne Restaurants werden von den Unternehmern selbst geführt
01.016

der **Standard**
Stan·dard <-s>
hier: die Regeln oder Vorschriften, mit denen Angebot und Qualität eines Restaurants bestimmt werden, z. B. bei den Möbeln
01.017

die **Systemgastronomie**
Sys·tem·gas·tro·no·mie *kein Plural*
eine Form der **Gastronomie**; Restaurants sind in Gruppen organisiert; Namen, Einrichtung, Service und Angebot innerhalb einer Gruppe sind immer gleich, z. B. McDonalds®
01.018

Pflanzen

der **Anbau**
An·bau *kein Plural*
hier: die Produktion von Pflanzen, Obst und Gemüse
02.001

die **Blattscheide**
Blatt·schei·de <-n>
ein Teil einiger Pflanzen, z. B. von Gräsern; befindet sich dort, wo Blätter beginnen zu wachsen
02.002

die **Blockware**
Block·wa·re <-n>
Lebensmittel, die in Form unterschiedlich großer Würfel verkauft werden; meist gefroren, z. B. Spinat
02.003

die **Kartoffelstärke**
Kar·tof·fel·stär·ke *kein Plural*
ein Stoff, der in Kartoffeln enthalten ist, getrocknet und wie Mehl verwendet wird; macht Saucen und Suppen dicker
auch Kartoffelmehl
02.004

kraus
kraus
so sind die Blätter einiger Pflanzen, die nicht glatt sind, z. B. krause Petersilie
auch gekraust
02.005

der **Stängel**
Stän·gel <->
der schmale Teil von Pflanzen, an dem Blätter oder Blüten wachsen; einige werden gegessen, z. B. Rhabarber
02.006

der **Stielansatz**
Stiel·an·satz <Stielansätze>
der Teil einer Pflanze,
an dem die Frucht wächst
auch Strunk
02.007

die **Verzweigung**
Ver·zwei·gung <-en>
hier: der Teil einer Pflanze,
der vom **Stängel** zur Seite wächst
02.008

winterhart
win·ter·hart
so ist eine Pflanze, die draußen
wächst und auch bei Kälte und
Schnee weiter lebt, z. B. Grünkohl
02.009

die **Wurzel**
Wur·zel <-n>
hier: der Teil von Pflanzen,
der die Pflanze ernährt und in
oder auf der Erde festhält
02.010

die **Wurzelverdickung**
Wur·zel·ver·di·ckung <-en>
ein dicker Teil der **Wurzel**,
der über der Erde wächst und
gegessen wird, z. B. bei Radieschen
02.011

das **Wurzelwerk**
Wur·zel·werk <-e>
hier: mehrere Stücke von Gemüsearten, die dicke Wurzeln haben, sowie Zwiebeln und Kräuter; wird für Suppen und Saucen verwendet
auch Suppengrün, Suppengemüse, Wurzelzeug
02.012

Obst und Gemüse

blasige Struktur

bla·si·ge Struk·tur
hier: eine Oberfläche von Gemüse, die nicht glatt ist, sondern unregelmäßige höhere Stellen hat, z. B. Wirsingkohl
02.013

die Blattrippe

Blatt·rip·pe <-n>
der dickere Teil in der Mitte eines Pflanzenblattes; teilt das Blatt der Länge nach in zwei Hälften
auch Blattader, Blattnerv
02.014

das Fruchtmark

Frucht·mark *kein Plural*
eine Masse, die entsteht, wenn Obst **püriert** wird
auch Fruchtpüree, Obstmark
02.015

die Hülse

Hül·se <-n>
hier: die **Schale** einiger Gemüsearten, z. B. von Bohnen und Erbsen
02.016

enthülsen

ent·hül·sen <enthülst, enthülste, hat enthülst>
die **Hülse** von Gemüse wie Bohnen und Erbsen entfernen
02.017

derb

derb
hier: so ist ein Lebensmittel, das hart und/oder kräftig ist, z. B. die **Schale** von einigen Gemüsearten wie dem Kürbis
02.018

gerippt
ge·rippt
so sind die Blätter einiger Gemüsearten, wenn sie eine lange Linie und mehrere Querlinien haben, z. B. Mangold
02.019

die Knolle
Knol·le <-n>
ein dicker, fester Teil von einigen Gemüsearten; z. B. bei Kohlrabi, Sellerie
02.020

der Kopf
Kopf <Köpfe>
hier: die Form einiger Gemüse- und Salatarten, bei denen die Blätter so übereinanderliegen, dass sie wie ein Kopf aussehen
02.021

die Korkschale
Kork·scha·le <-n>
hier: die sehr dicke und harte **Schale** einiger Gemüsearten, z. B. der Schwarzwurzel
02.022

oval-bauchig
oval-bau·chig
hier: so ist die Form einiger Gemüsearten, wenn sie gleichzeitig lang und rund sind, z. B. Aubergine
02.023

die Pfahlwurzel
Pfahl·wur·zel <-n>
die sehr lange **Wurzel** einiger Pflanzen, die zum Teil auch gegessen werden kann (essbar ist), z. B. Zuckerrübe
02.024

das **Röschen**
Rös·chen <->
einer der runden, festen Teile von Gemüse wie Blumenkohl, Brokkoli und Rosenkohl, der gegessen wird
02.025

die **Schote**
Scho·te <-n>
hier: die **Hülse** einiger Gemüsearten (z. B. Bohne, Erbse) oder die Frucht anderer Arten (z. B. Paprika, Chili), die innen hohl ist
02.026

der **Spross**
Spross <-e(n)>
1 eine ganz junge Pflanze, die noch kaum **Wurzeln** hat; es wird die ganze Pflanze gegessen; z. B. Bambussprossen
auch Schössling
2 ein junger Teil einer Pflanze, der gegessen werden kann
02.027

das **Sprossengemüse**
Spros·sen·ge·mü·se <->
Gemüsesorte, deren **Sprossen** gegessen werden können; z. B. Spargel
02.028

das **Kerngehäuse**
Kern·ge·häu·se <->
der innere Teil von Obst, wie Apfel und Birne, der die Kerne enthält
auch Kernhaus
02.029

die **Schale**
Scha·le <-n>
hier: das Äußere von Früchten, aber auch von **Schalentieren**
02.030

das Segment
Seg·ment <-e>
hier: einer von mehreren Teilen einer Frucht oder eines Gemüses, der durch Häute getrennt ist, z. B. bei Orangen, Zwiebeln
02.031

walzenförmig
wal·zen·för·mig
hier: so ist ein Gemüse, das lang und rund ist, z. B. Gurke
02.032

welk
welk
hier: so ist Obst oder Gemüse, das nicht mehr frisch ist
02.033

Fettarten

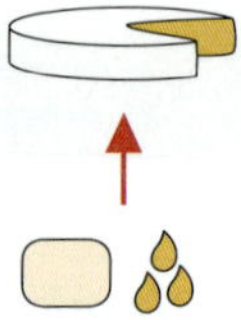

das Begleitfett
Be·gleit·fett <-e>
Fett in Lebensmitteln, das nicht sichtbar ist, z. B. in fettem Käse
02.034

das Brat- und Kochfett
Brat- und Koch·fett <-e>
Fett von Tieren oder aus Pflanzen; kann sehr heiß gemacht werden, z. B. Öl
02.035

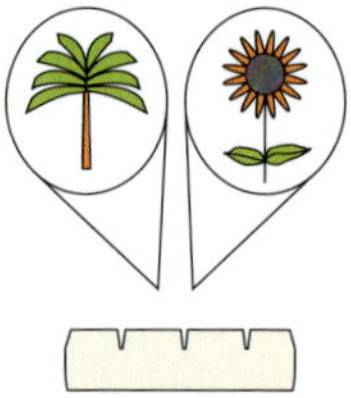

das Plattenfett
Plat·ten·fett <-e>
festes, weißes Fett aus Pflanzen, oft aus Kokosnüssen; verbrennt auch bei großer Hitze nicht und wird in Form einer eckigen Platte verkauft
02.036

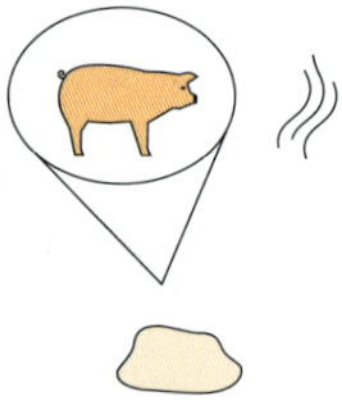

das Schweineschmalz
Schwei·ne·schmalz *kein Plural*
weiches Fett, wird durch Hitze aus dem **Speck** von Schweinen hergestellt
02.037

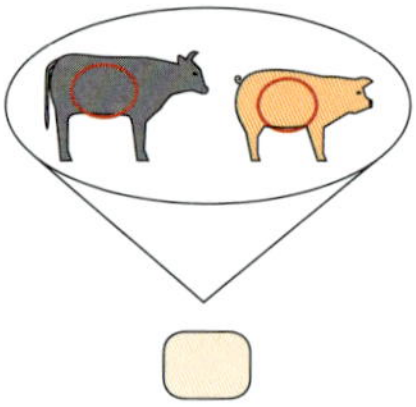

der Speck
Speck <-e>
hier: ein festes Fett im Körper von Tieren; befindet sich meist an Rücken und Bauch
02.038

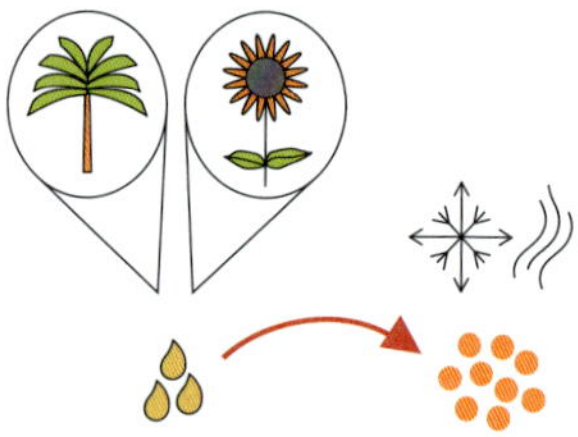

das Speiseöl
Spei·se·öl <-e>
flüssiges Fett, das aus Pflanzen hergestellt und für kalte und warme Speisen verwendet wird
02.039

das **Streichfett**
Streich·fett <-e>
ein Fett mit tierischer oder pflanzlicher Grundlage, ist bei Raumtemperatur weich, z. B. Butter und Margarine
02.040

der **Talg**
Talg <-e>
weiches Fett, wird durch Hitze aus dem Fett von Kühen oder Schafen hergestellt
auch Eingeweidefett
02.041

Ei

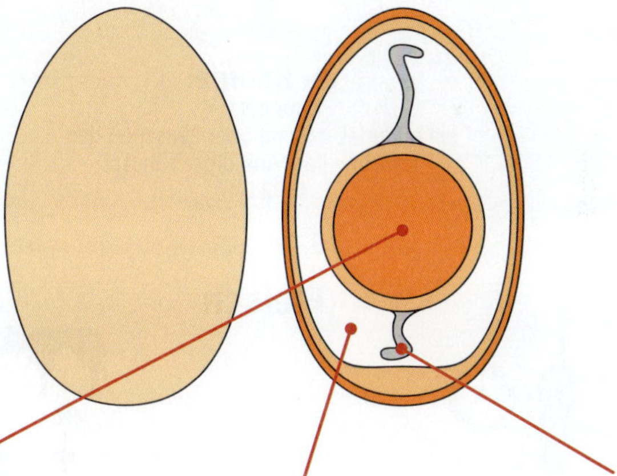

das/der **Dotter**
Dot·ter <->
der gelbe, runde Teil des Eies
auch Eigelb
02.042

das **Eiklar**
Ei·klar <->
der Teil des rohen Eies, der keine Farbe hat
auch Eiweiß
02.043

die **Hagelschnur**
Ha·gel·schnur <Hagelschnüre>
ein gedrehtes Band, das den **Dotter** oben und unten mit der Eischale verbindet
auch Eiweißschnur
02.044

Teile von Fleisch und Fisch

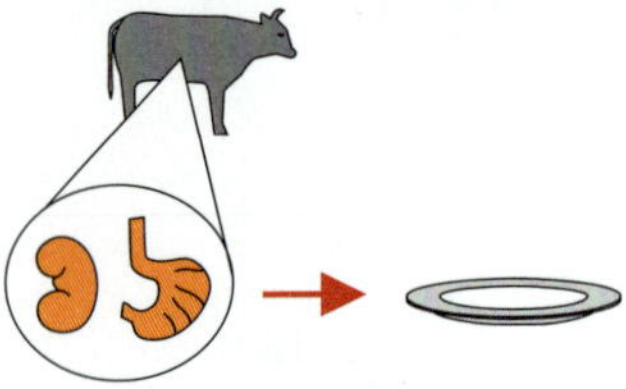

die Innerei
In·ne·rei <-en>
Teile im Inneren von Tieren, einige werden gegessen, z. B. Herz, Niere, Magen von **Geflügel**, Rind oder Schwein
auch Eingeweide
02.045

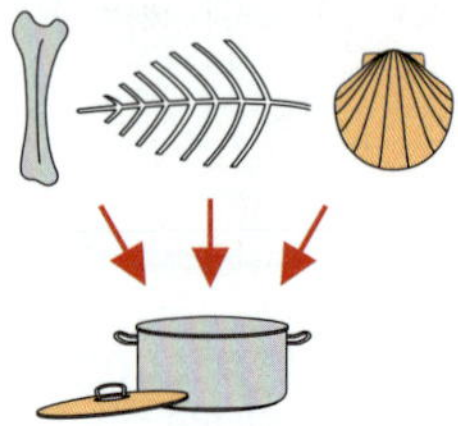

die Karkasse
Kar·kas·se <-n>
hier: Knochen und **Gräten** sowie **Schalen** von **Schalentieren**; wird meistens als Grundlage für Saucen und Suppen verwendet
02.046

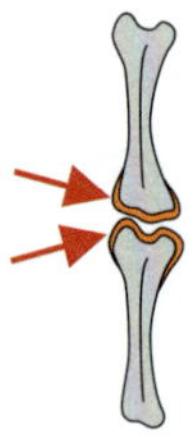

der Knorpel
Knor·pel <->
ein Material, das auf oder zwischen den Knochen liegt und diese schützt
02.047

Fleisch

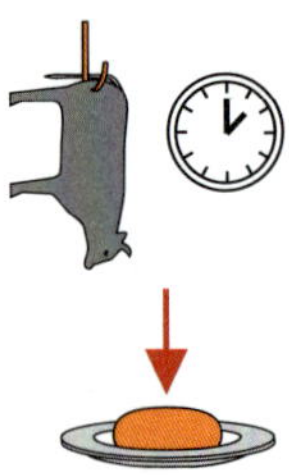

abgehangenes Fleisch
ab·ge·han·ge·nes Fleisch
Fleisch, das vor dem Verbrauch längere Zeit hängt, vor allem Rindfleisch
auch gereiftes Fleisch
02.048

geschrotetes Fleisch
ge·schro·te·tes Fleisch
fettarmes Fleisch, das **gewolft** wurde, z. B. die Wade vom Rind; damit wird Suppe klar gemacht
auch Klärfleisch
02.049

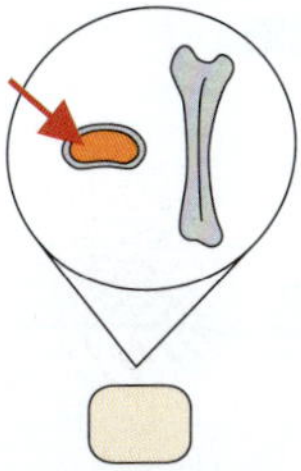

das Mark
Mark *kein Plural*
hier: ein weiches, fettes Material in Knochen, die wie Rohre sind; wird oft zu **Suppeneinlage** verarbeitet
auch Knochenmark
02.050

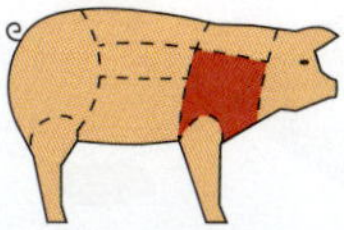

das Schaufelstück
Schau·fel·stück <-e>
kurz Schaufel
ein Teil der Schulter vom Rind oder Schwein; wird meistens **geschmort**
auch Bug, Schulter
02.051

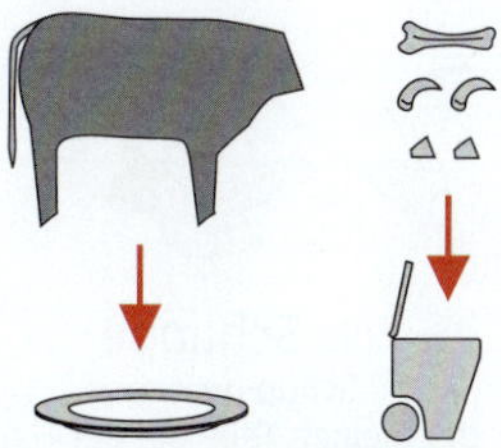

das Schlachtfleisch
Schlacht·fleisch *kein Plural*
die Teile von Tieren, die Menschen essen, z. B. Stücke vom Rind
02.052

die Schwarte
Schwar·te <-n>
hier: die dicke Haut vom Schwein
02.053

die Wade
Wa·de <-n>
hier: ein Teil des Beines vom Rind; befindet sich zwischen Knie und Fuß
02.054

Fisch und Meerestiere

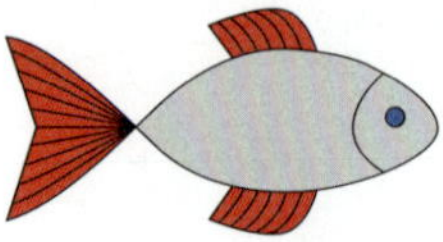

die **Flosse**
Flos·se <-n>
die Teile am Körper eines Fisches, die er bewegt, um zu schwimmen
02.055

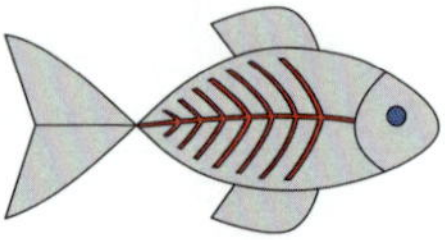

die **Gräte**
Grä·te <-n>
ein kleiner, dünner Knochen des Fisches
02.056

der **Rogen**
Ro·gen <->
die Eier von Fischen und **Muscheln**
02.057

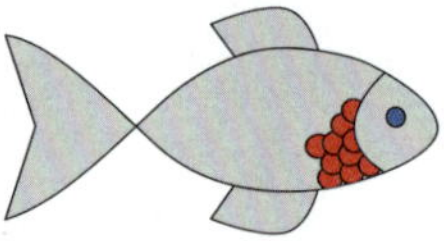

die **Schuppe**
Schup·pe <-n>
einer der kleinen Teile auf der Haut von Fischen; viele davon schützen den Körper
02.058

der **Kopffüßer**
Kopf·fü·ßer <->
ein Tier ohne Knochen oder **Gräten**; lebt im Meer, hat am Mund mindestens acht Arme und kann dunkle **Sepiatinte** produzieren
auch Polyp, Tintenfisch
02.059

die **Sepiatinte**
Se·pia·tin·te <-n>
eine braune oder schwarze Flüssigkeit; wird von **Kopffüßern** produziert und als Farbe für Teig, Nudeln oder Reis benutzt
02.060

der **Krebs**

Krebs <-e>

hier: ein Tier, das im Wasser lebt und dessen Körper durch eine dicke **Schale** oder einen **Panzer** geschützt wird

02.061

die **Muschel**

Mu·schel <-n>

ein weiches Tier, das im Wasser lebt und eine harte **Schale** hat

02.062

der **Panzer**

Pan·zer <->

hier: die **Schale** von einigen **Krebs**arten

02.063

das **Schalentier**

Scha·len·tier <-e>

ein weiches Tier, das im Wasser lebt und dessen Körper außen durch hartes Material geschützt wird, z. B. Garnele, **Muschel**

02.064

die **Schere**

Sche·re <-n>

hier: der äußere Teil des vordersten Beines bei einigen **Krebs**tieren

02.065

der **Seepockenbelag**

See·po·cken·be·lag <Seepockenbeläge>

mehrere kleine **Krebse**, die oft auf der **Schale** von **Muscheln** oder auf Steinen leben

02.066

Wild und Geflügel

das **Wild**
Wild *kein Plural*
Tiere, die frei in der Natur leben, z. B. Hase und Wildgans
02.067

das **Geflügel**
Ge·flü·gel *kein Plural*
alle Vogelarten, bei denen Menschen sowohl die Vögel als auch ihre Produkte essen, z. B. Huhn
02.068

das **Federwild**
Fe·der·wild *kein Plural*
die Vogelarten, die in der freien Natur leben, z. B. Wildente
02.069

das **Haarwild**
Haar·wild *kein Plural*
die Tiere, die in der freien Natur leben und am ganzen Körper Haare (ein Fell) haben, z. B. Hase
02.070

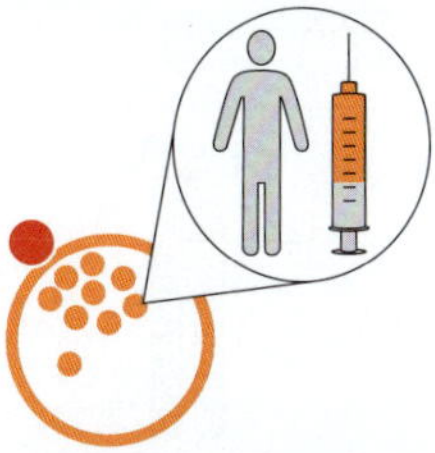

der **Abwehrstoff**
Ab·wehr·stoff <-e>.
ein Schutz vor Krankheiten und Allergien; entsteht im Körper entweder von selbst oder durch Impfung
auch Antikörper
03.001

anorganisch
an·or·ga·nisch
1 so ist etwas, das nicht zum lebenden Teil der Natur gehört, z. B. ein Stein, ein Gas
2 so sind einige chemische Verbindungen, die große Bedeutung für das Funktionieren des Körpers haben, z. B. Wasser
03.002

organisch
or·ga·nisch
hier: so ist etwas, das zum lebenden Teil der Natur gehört, z. B. Menschen, Tiere, Pflanzen und chemische Verbindungen, die in ihnen entstehen
03.003

ansprechend
an·spre·chend
<ansprechender, am ansprechendsten>
hier: so ist etwas, das lecker aussieht
03.004

antibakteriell
an·ti·bak·te·ri·ell
so ist etwas, das besonders intensiv reinigt und **Bakterien** tötet, z. B. spezielle Seife oder Putzmittel
03.005

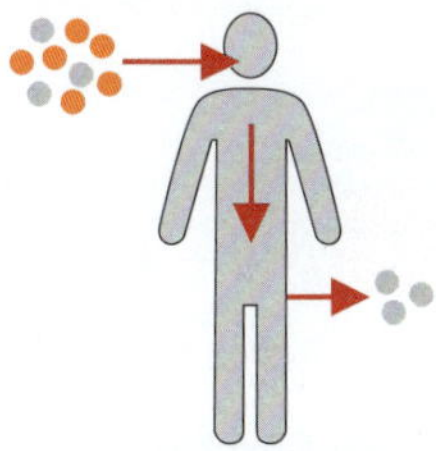

der **Ballaststoff**
Bal·last·stoff <-e>
der Teil des Essens, den der Körper kaum oder gar nicht nutzen kann, der aber wichtig für den **Darm** ist
03.006

bevorzugen
be·vor·zu·gen
<bevorzugt, bevorzugte, hat bevorzugt>
eine Sache oder Person lieber mögen als eine andere
03.007

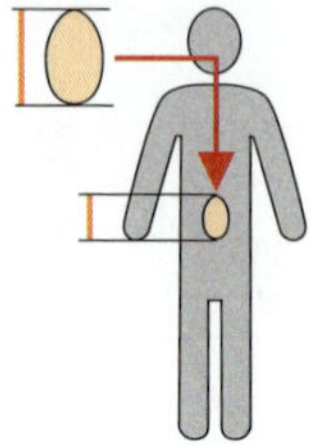

biologische Wertigkeit
bio·lo·gi·sche Wer·tig·keit
ein Maß, das zeigt, wie viel **Eiweiß** aus einem Lebensmittel zu **Eiweiß** im Körper wird
03.008

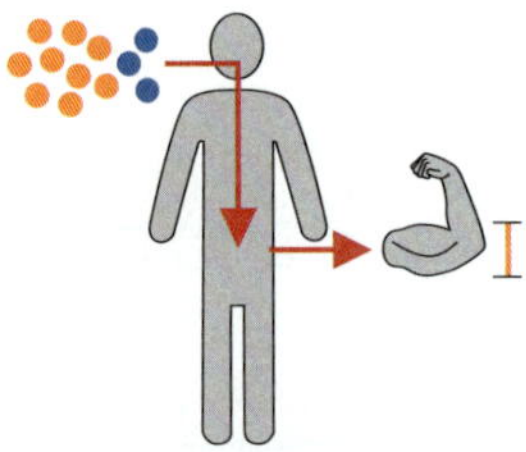

der Brennwert
Brenn·wert <-e>
hier: das Maß für die Energie, die im Körper durch Essen und Trinken entsteht
03.009

das Eiweiß
Ei·weiß <-e>
hier: eine **organische** Verbindung, die in Pflanzen und Tieren vorkommt, z. B. in Sojabohnen, Milch, Getreide, Fleisch und Eiern
auch Protein
03.010

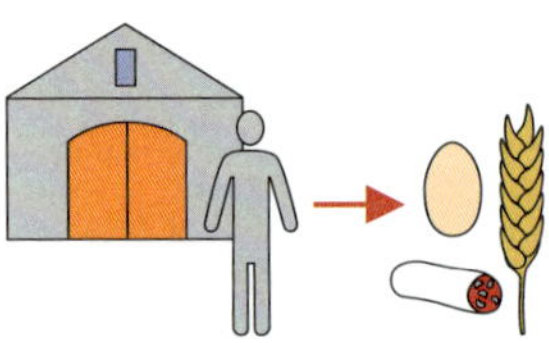

der Erzeuger
Er·zeu·ger <->
die Erzeugerin
Er·zeu·ge·rin <-nen>
hier: ein Mensch, der Lebensmittel produziert oder bearbeitet, z. B. Bauer, Metzger
03.011

fermentieren
fer·men·tie·ren
<fermentiert, fermentierte, hat fermentiert>
hier: Teile von Lebensmitteln werden durch **Enzyme** verändert und/oder haltbar gemacht, z. B. Milch wird zu Joghurt
03.012

fettarm
fett·arm <fettärmer, am fettärmsten>
so ist ein Lebensmittel, das wenig Fett enthält
03.013

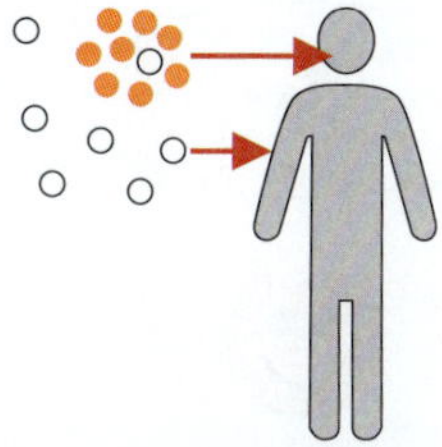

freie Radikale
freie Ra·di·ka·le
unsichtbare Teilchen in Luft und Lebensmitteln, die Körper und Haut schaden können
03.014

der Gehalt
Ge·halt <-e>
hier: die Menge, in der etwas in einem Lebensmittel enthalten ist; z. B. Früchte in Joghurt
03.015

die Güteklasse
Gü·te·klas·se <-n>
drei bzw. vier verschiedene Gruppen, denen Produkte aus Landwirtschaft und Fischfang je nach ihrer Qualität zugeordnet werden
03.016

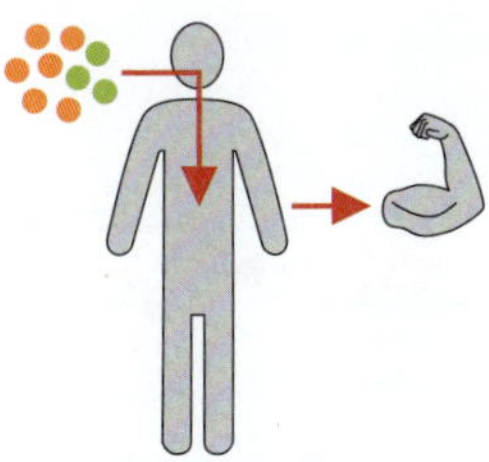

das Kohlenhydrat
Koh·len·hy·drat <-e>
ein Teil von Nahrungsmitteln, der Energie liefert
03.017

die Kombination
Kom·bi·na·ti·on <-en>
hier: verschiedene Zutaten, die gemeinsam verwendet werden
03.018

lebensnotwendig

le·bens·not·wen·dig
<lebensnotwendiger, am lebensnotwendigsten>
so ist etwas, das ein Lebewesen unbedingt zum Leben braucht, z. B. Wasser, Luft, Nahrung
auch lebenswichtig
03.019

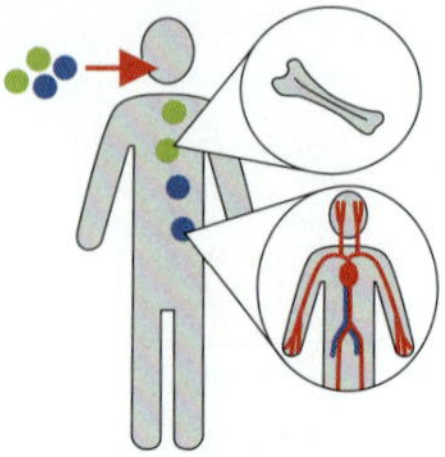

das Mineral

Mi·ne·ral <-ien/-e>
hier: wichtige Stoffe, die der Körper nicht herstellen kann, aber zum Leben braucht, z. B. für Knochen, Zähne und Blut
03.020

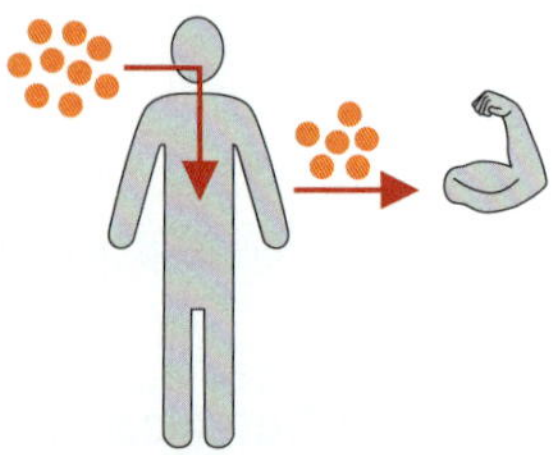

der Nährstoff

Nähr·stoff <-e>
der Teil von Nahrungsmitteln, der Energie liefert oder den **Stoffwechsel** unterstützt
03.021

das Nettogewicht

Net·to·ge·wicht <-e>
hier: das Gewicht von Lebensmitteln, nachdem sie zubereitet wurden
03.022

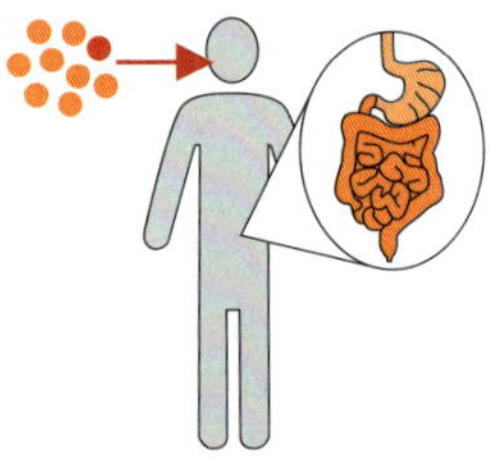

reizarm

reiz·arm
<reizärmer, am reizärmsten>
hier: so ist ein Stoff, der für Magen und **Darm** nicht schädlich ist
03.023

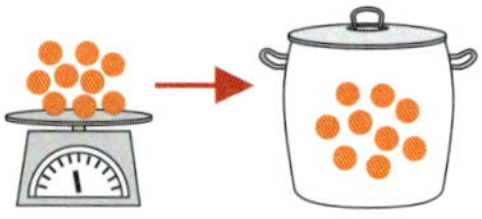

das Rohgewicht

Roh·ge·wicht <-e>
hier: das Gewicht von Lebensmitteln, bevor sie zubereitet werden
03.024

schmackhaft

schmack·haft
<schmackhafter, am schmackhaftesten>
so ist etwas, das gut schmeckt
auch lecker
03.025

schonend zubereiten

scho·nend zu·be·rei·ten
eine Speise so herstellen, dass die **Nährstoffe** nicht zerstört werden
03.026

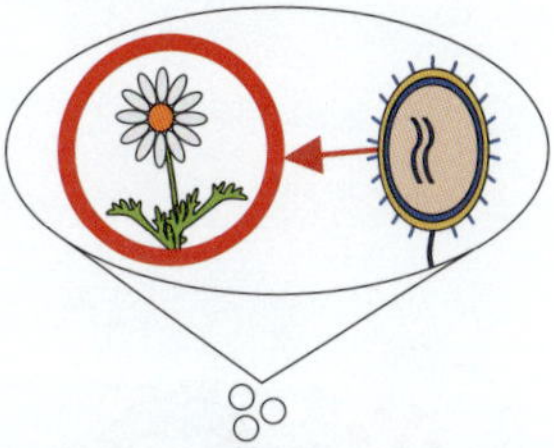

sekundäre Pflanzenstoffe

se·kun·dä·re Pflan·zen·stof·fe *kurz* SPS
sehr viele unterschiedliche Teile, die Pflanzen (wie Obst und Gemüse) herstellen, um sich zu schützen; sie sind auch gut für die Gesundheit des Menschen
auch bioaktive Pflanzenstoffe
03.027

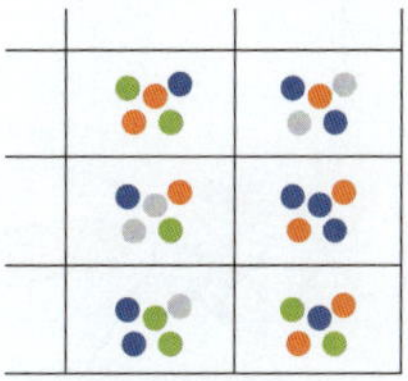

der Speiseplan

Spei·se·plan <Speisepläne>
hier: ein Plan für Essensangebote in einem bestimmten Zeitraum oder für ein besonderes Ereignis
03.028

das Spurenelement

Spu·ren·ele·ment <-e>
ein chemischer Stoff, der nur in sehr kleinen Mengen in der Nahrung vorkommt und von dem der Mensch auch nur wenig benötigt, z. B. Eisen in Gemüse und Fleisch
03.029

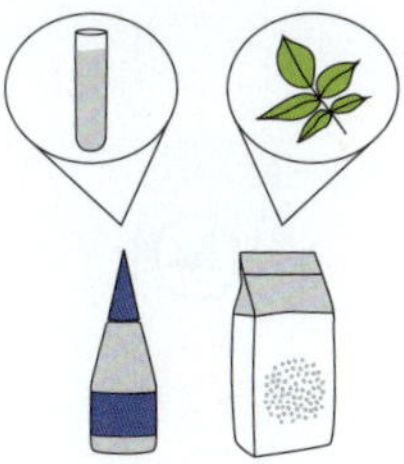

das Süßungsmittel

Sü·ßungs·mit·tel <->
alle pflanzlichen und chemischen Stoffe, mit denen Lebensmittel süß gemacht werden, z. B. Honig, Zucker, Süßstoff (Sacharin, Stevia)
03.030

vegan
ve·gan
so ist etwas, das keine Teile von Tieren oder Tierprodukte (wie Eier oder Milch) enthält
03.031

vegetarisch
ve·ge·ta·risch
so ist eine Speise ohne Fleisch oder Fisch
03.032

die Versorgungslücke
Ver·sor·gungs·lü·cke <-n>
hier: das Fehlen von **lebenswichtigen** Inhalten in der Nahrung
03.033

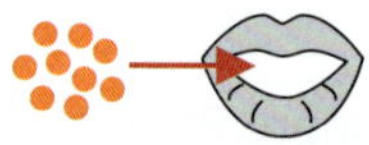

verzehren
ver·zeh·ren
<verzehrt, verzehrte, hat verzehrt>
eine Speise essen
03.034

vollwertig
voll·wer·tig
<vollwertiger, am vollwertigsten>
so ist ein natürliches Nahrungsmittel, das nicht bearbeitet wurde und keine zusätzlichen chemischen Stoffe enthält
03.035

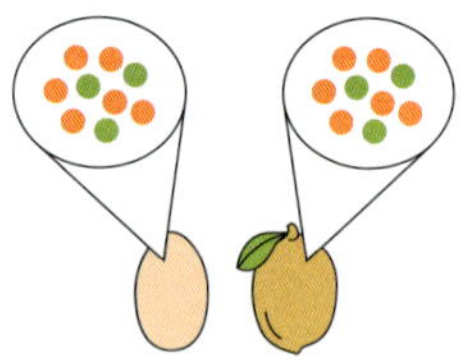

wirkstoffreich
wirk·stoff·reich
<wirkstoffreicher, am wirkstoffreichsten>
so sind Lebensmittel, die viele Vitamine und **Mineralien** enthalten
03.036

physiologischer Vorgang

phy·sio·lo·gi·scher Vor·gang
eine Funktion des Körpers, für die der Mensch nichts tun oder über die er nicht nachdenken muss; z. B. das Fließen des Blutes
03.037

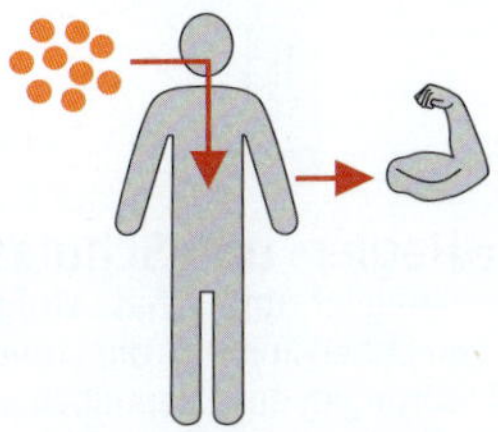

der **Stoffwechsel**
Stoff·wech·sel <->
eine Körperfunktion, mit der Nahrung zu Energie verarbeitet wird
03.038

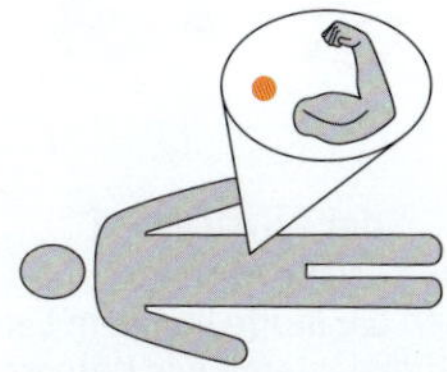

der **Grundumsatz**
Grund·um·satz <Grundumsätze>
die Energiemenge, die der Körper im Ruhezustand verarbeitet
03.039

der **Leistungsumsatz**
Leis·tungs·um·satz <Leistungsumsätze>
die Energiemenge, die der Körper zusätzlich zum **Grundumsatz** verarbeitet, wenn er sich bewegt
auch Arbeitsumsatz
03.040

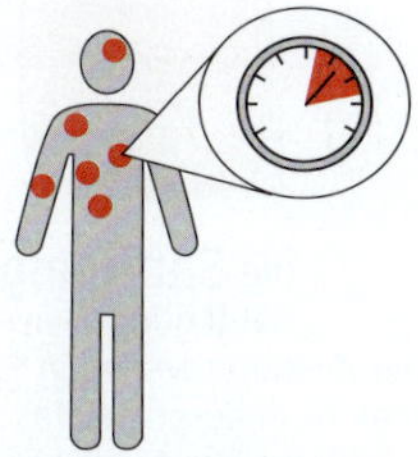

das **Enzym**
En·zym <-e>
ein wichtiger Stoff, der im Körper entsteht; meist eine Verbindung aus **Proteinen**; kontrolliert und macht schneller, was im Körper geschieht, z. B. den **Stoffwechsel**
03.041

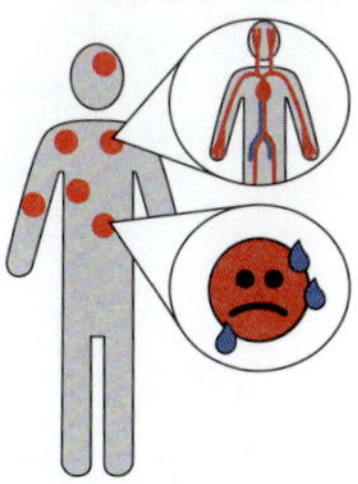

die **Enzymtätigkeit**
En·zym·tä·tig·keit <-en>
das Leben im Körper; alles, was im Körper geschieht: das Fließen des Blutes, das Frieren, Schwitzen, Denken, Fühlen
03.042

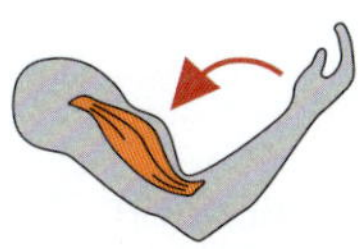

die **Muskelkontraktion**
Mus·kel·kon·trak·ti·on <-en>
eine Bewegung, durch die ein Muskel entweder kürzer wird oder gegen eine Kraft wirkt
03.043

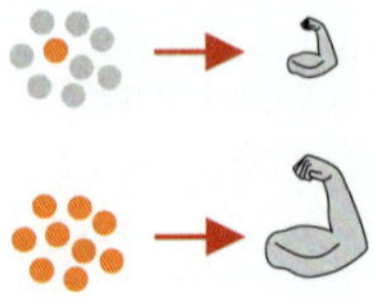

der **Nährwert**
Nähr·wert <-e>
der Wert, den die Stoffe in einem Lebensmittel für das Funktionieren des Körpers haben
03.044

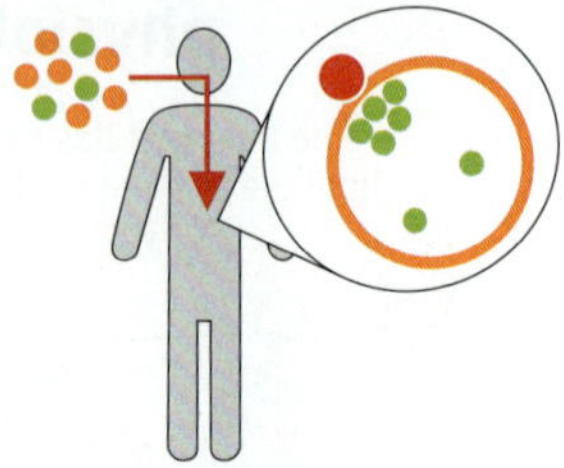

die **Regler- und Schutzstoffe**
Reg·ler- und Schutz·stof·fe
Teile von Lebensmitteln, die vor Infektionen und Störungen der Gesundheit schützen, z. B. **Mineralstoffe** und Vitamine
03.045

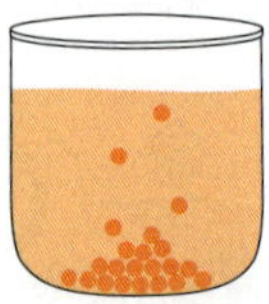

die **Sättigung**
Sät·ti·gung <-en>
hier: der Zustand, wenn ein Stoff so große Mengen eines anderen Stoffes aufgenommen hat, dass noch mehr davon die Situation verschlechtern würde; z. B. wenn sich noch mehr Salz im Wasser nicht mehr auflösen würde
03.046

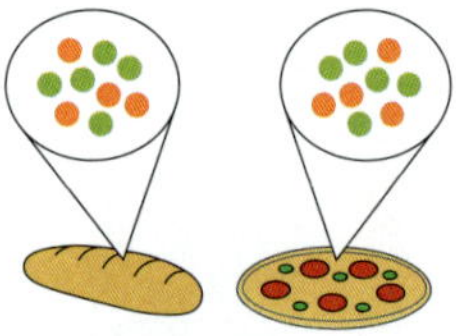

der **Sättigungswert**
Sät·ti·gungs·wert <-e>
hier: ein Wert, der angibt, wie hoch der Anteil an **Kohlenhydraten** in Lebensmitteln ist
03.047

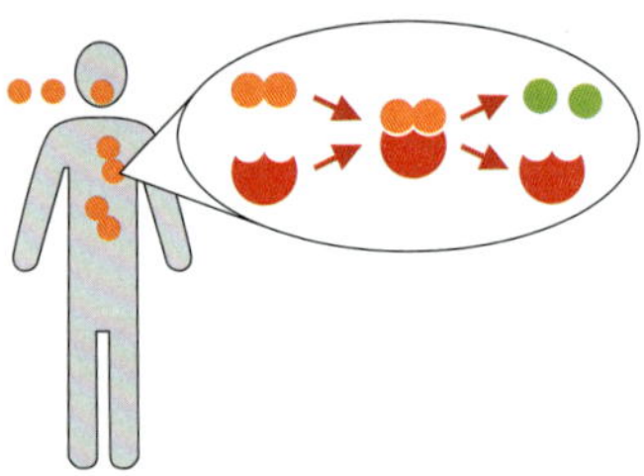

spalten
spal·ten
<spaltet, spaltete, hat gespalten/gespaltet>
hier: **Enzyme** zerteilen Nahrungsmittel im Körper; die Einzelteile werden dadurch verändert, z. B. werden **Kohlenhydrate** zu Zucker
03.048

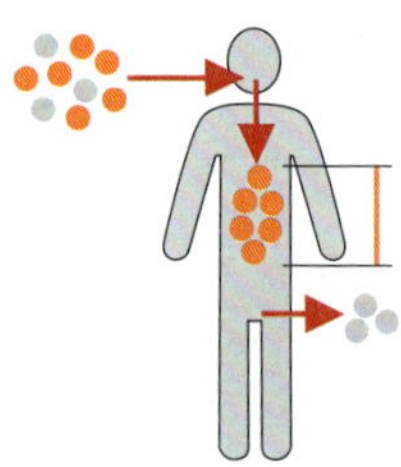

die **Verwertbarkeit**
Ver·wert·bar·keit <-en>
hier: die Möglichkeit, Stoffe in Nahrungsmitteln für den Körper zu nutzen
03.049

Kleine und mittelgroße Küchengeräte

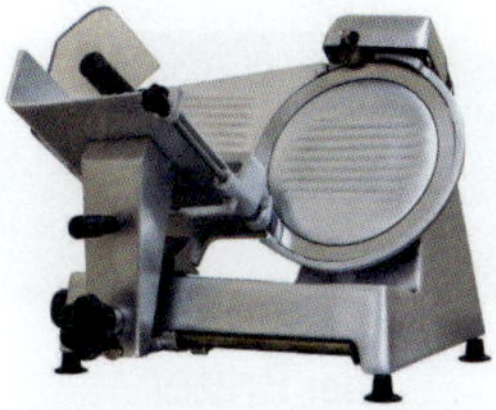

die **Aufschnittmaschine**
Auf·schnitt·ma·schi·ne <-n>
ein Gerät, mit dem vor allem Wurst, Schinken und harter Käse in Scheiben geschnitten wird
04.001

der **Bunsenbrenner**
Bun·sen·bren·ner <->
ein kleines Gerät, das mit Gas und Feuer (Flamme) funktioniert; wird zum Flambieren, für Karamell und intensives Aroma bei Fleisch benutzt
auch Flambierer, Gasbrenner
04.002

die **Dunstabzugshaube**
Dunst·ab·zugs·hau·be <-n>
ein Gerät, mit dem **Dampf** und Gerüche, die beim Kochen entstehen, entfernt werden
04.003

der **Kutter**
Kut·ter <->
ein Gerät, mit dem Lebensmittel, vor allem Fleisch (Hackfleisch), sehr klein geschnitten und gemischt werden
04.004

die **Mikrowelle**
Mi·kro·wel·le <-n>
ein Gerät, in dem Speisen sehr schnell warm gemacht oder gekocht werden können
auch Mikrowellengerät, Mikrowellenherd, Mikrowellenofen
04.005

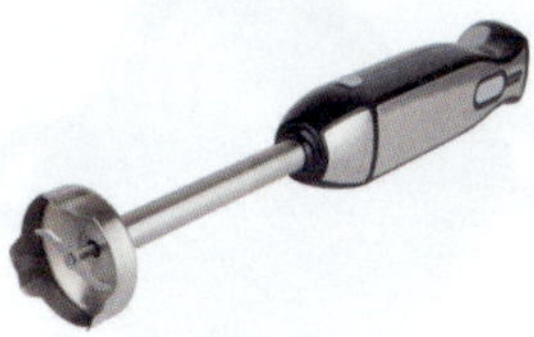

der **Stabmixer**
Stab·mi·xer <-> *kurz* Mixer
ein Gerät, mit dem feste, meist gekochte Lebensmittel sehr klein gemacht (zerkleinert) werden (**Brei**, **Mus**)
auch Mixstab, Pürierstab
04.006

Koch- und Bratgeschirr

das **Blech**
Blech <-e> *lang* Backblech
hier: eine dünne Platte aus Metall, auf der z. B. Kuchen zum Backen in den Ofen geschoben wird
04.007

der **Bräter**
Brä·ter <->
ein schwerer Topf für den Herd und den Ofen, oft **Gusseisengeschirr**
04.008

der **Deckel**
De·ckel <->
ein Teil, mit dem ein Topf oder ein **Gefäß** geschlossen werden kann
04.009

das **Gitter**
Git·ter <->
hier: rund oder eckig miteinander verbundene Metallteile, auf denen Gebäck oder heiße Speisen kalt/kühl werden (abkühlen)
auch Rost, Kühlrost
04.010

das **Gusseisengeschirr**
Guss·ei·sen·ge·schirr *kein Plural*
kurz Gussgeschirr
Töpfe, Pfannen und anderes Geschirr zum Kochen; aus besonders hartem Eisen
04.011

die **Kasserolle**
Kas·se·rol·le <-n>
ein flacher Topf mit steilem Rand, zum Braten oder **Schmoren**
auch Kasserol, Stielkasserolle
04.012

der Kessel
Kes·sel <->
hier: ein besonders großer Topf, in dem Suppen oder Fleischspeisen für viele Personen gekocht werden
04.013

die Quicheform
Quiche·form <-en>
ein Kochgeschirr mit niedrigem Rand; wird für süßes und salziges Gebäck genommen
04.014

die Sauteuse
Sau·teu·se <-n>
eine Pfanne mit hohem und oben etwas weiterem Rand; für Speisen, die kurz in Fett **geschwenkt** oder gebraten werden
auch Schwenkpfanne
04.015

die Schmorpfanne
Schmor·pfan·ne <-n>
eine Bratpfanne mit hohem Rand; mit oder ohne **Deckel**
04.016

der Schneeschlagkessel
Schnee·schlag·kes·sel <->
eine Schale aus Metall, in der Saucen, Nachspeisen oder **Eiweiß** meist mit dem **Schneebesen** gerührt (geschlagen) werden
04.017

die Terrine
Ter·ri·ne <-n>
hier: ein Geschirr für eine bestimmte Speise, die auch „Terrine" heißt und häufig im Ofen zubereitet wird
04.018

Küchengroßgeräte

das/die **Bain-Marie**
Bain-Ma·rie <Bains-Marie>
lang Casserole de Bain-Marie
ein elektrisches Gerät; hält mit Hilfe von heißem Wasser Speisen warm
auch Wasserbadbehälter
04.019

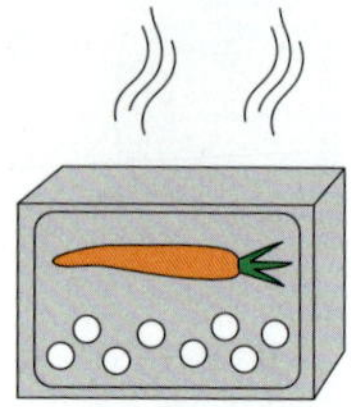

der **Dampfgarer**
Dampf·ga·rer <->
ein Gerät, in dem rohe Lebensmittel in Wasserdampf zubereitet werden
auch Kombidämpfer, Konvektomat
04.020

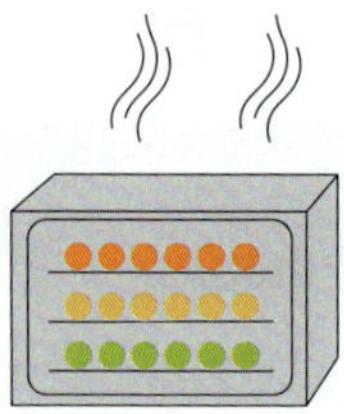

der **Etagenbackofen**
Eta·gen·back·ofen <Etagenbacköfen>
ein Ofen, in dem auf mehreren Etagen gleichzeitig gebacken wird
04.021

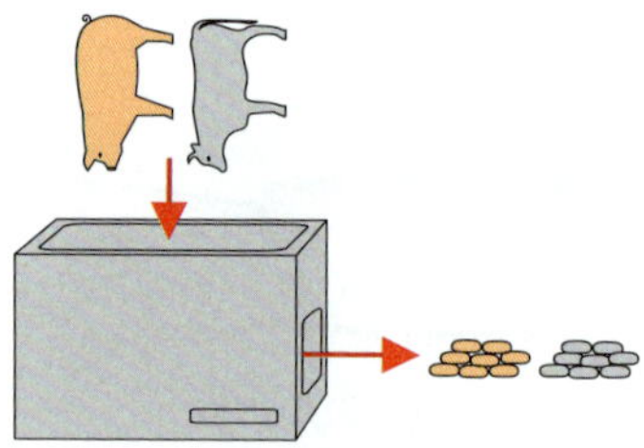

der **Fleischwolf**
Fleisch·wolf <Fleischwölfe>
ein Gerät, mit dem man aus großen Fleischstücken Hackfleisch macht
04.022

der **Holdomat**
Hol·do·mat <-en>
ein Schrank aus Metall, in dem Speisen mit exakter Temperatur warm gehalten werden
auch Warmhalteschrank, Wärmeschrank
04.023

die **Kippbratpfanne**
Kipp·brat·pfan·ne <-n> *kurz* Kipper
eine große Pfanne mit hohen Seiten; durch Drehen eines Rades kann die Fläche hochgestellt und leer gemacht werden
04.024

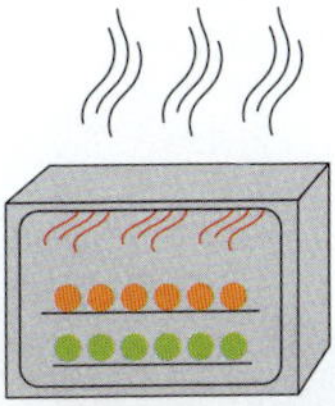

der **Salamander**

Sa·la·man·der <->

ein Ofen mit starker Hitze von oben, der wie ein Grill funktioniert; kann viel heißer werden als ein Backofen

04.025

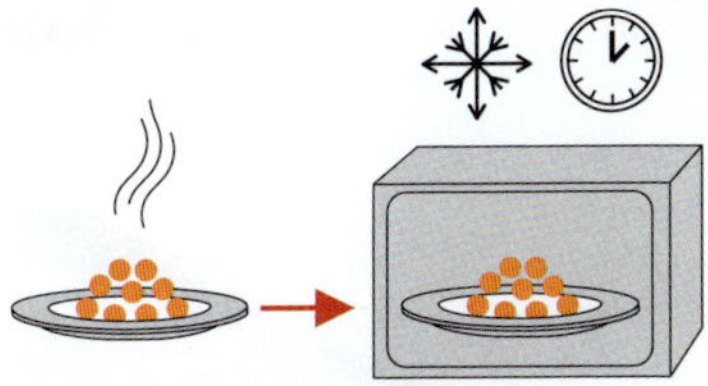

der **Schockfroster**

Schock·fros·ter <->

ein Gerät, in dem auch heiße Speisen so schnell (ein)gefroren werden können, dass sie fast alle Vitamine, ihre natürliche Farbe und ihren Geschmack behalten

auch Schnellkühler

04.026

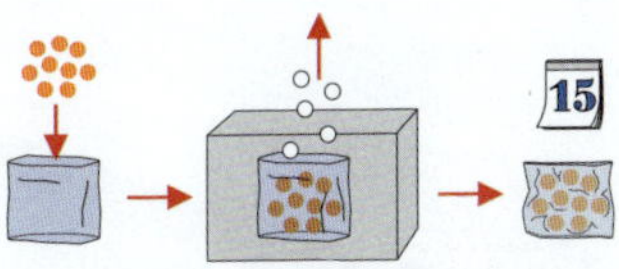

das **Vakuumiergerät**

Va·ku·u·mier·ge·rät <-e>

ein elektrisches Gerät, das die Luft aus Plastiktüten (Gefrierbeuteln) zieht; so bleiben Lebensmittel länger frisch oder haltbar

auch Vakuumierer

04.027

die **Wärmebrücke**

Wär·me·brü·cke <-n>

hier: ein Gerät, das fertige Speisen warm hält, steht in der **Ausgabe**

auch Wärmetisch, Wärmeplatte

04.028

Kochbesteck

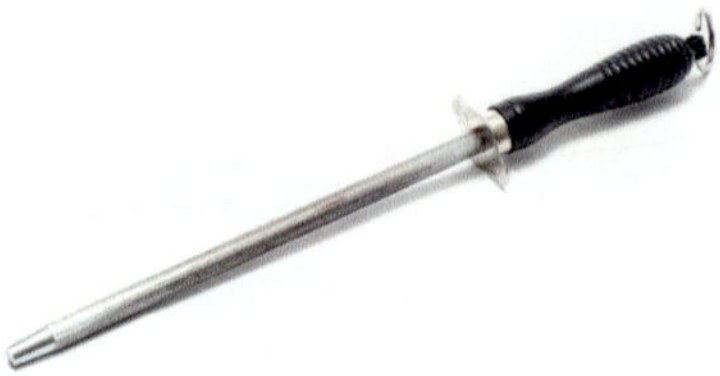

der Abziehstahl
Ab·zieh·stahl *kein Plural*
kurz Abzieher
ein Werkzeug aus Metall, mit dem Messer scharf gemacht werden
auch Wetzschleifer, Wetzstahl
04.029

der Abziehstein
Ab·zieh·stein <-e>
ein Werkzeug aus natürlichem oder künstlichem Stein; wird speziell zum Schärfen von Messern aus Stahl (sehr hartes Metall) benutzt
auch Polierstein, Schleifstein, Wetzstein
04.030

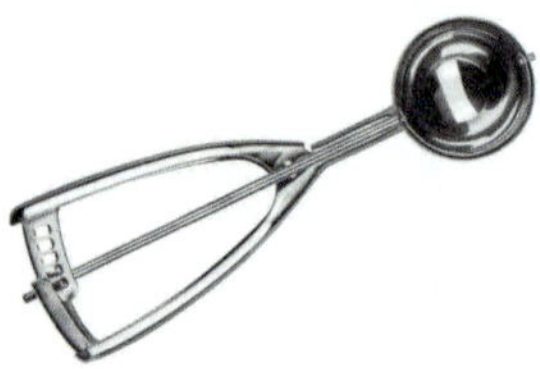

der Eisportionierer
Eis·por·ti·o·nie·rer <->
ein tiefer Löffel, mit dem man eine bestimmte Portion (Kugel) Eis aus einer größeren Menge nehmen kann
04.031

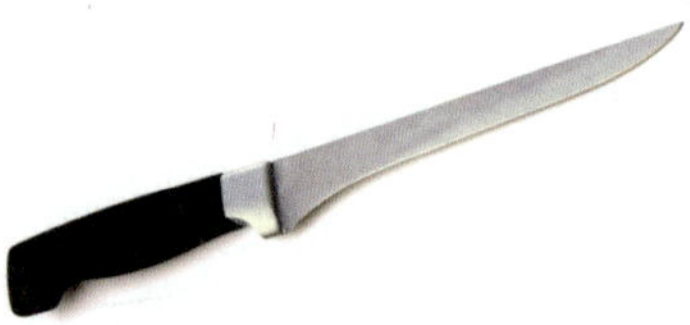

das Filetiermesser
Fi·le·tier·mes·ser <->
dieses Messer wird dafür gebraucht, Fisch und Fleisch zu **filetieren**, z. B. die Brust von **Geflügel**
auch Filiermesser
04.032

die Geflügelschere
Ge·flü·gel·sche·re <-n>
eine Schere, mit der **Geflügel** in kleine Teile geschnitten wird
04.033

das Hackbeil
Hack·beil <-e>
ein Werkzeug, mit dem Fleisch und Knochen zerteilt werden
auch Hackmesser
04.034

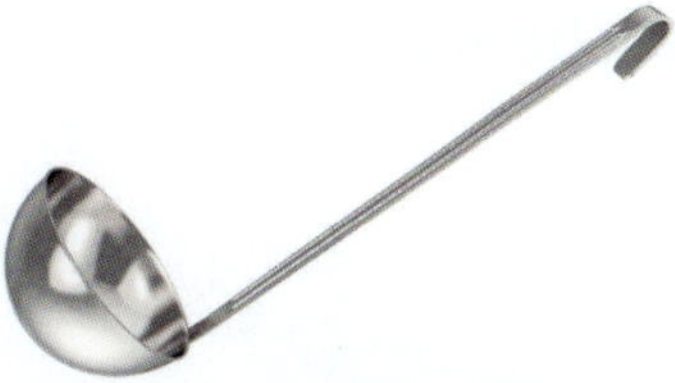

die **Kelle**
Kel·le <-n>
ein großer, tiefer Löffel, mit dem man Flüssiges wie Suppen oder Saucen aus Topf oder Schüssel nehmen kann
auch Schöpfkelle, Suppenkelle
04.035

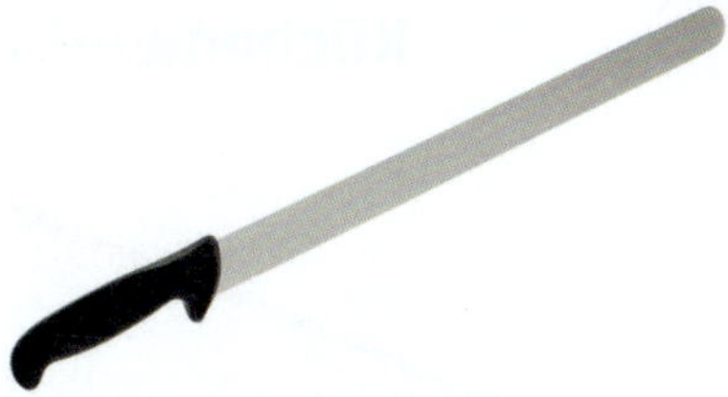

das **Lachsmesser**
Lachs·mes·ser <->
ein Messer, mit dem Lachs, manchmal auch Schinken, in ganz dünne Scheiben geschnitten wird
04.036

der **Schaumlöffel**
Schaum·löf·fel <->
ein Küchenwerkzeug mit Löchern, mit dem man **Schaum** oder festere Teile aus Flüssigkeiten nimmt
auch Abseihlöffel, Schaumkelle
04.037

das **Tourniermesser**
Tour·nier·mes·ser <->
ein kleines Messer, mit dem man alle nicht essbaren Teile von Obst und Gemüse entfernt und aus dem Rest Stücke mit besonderer Form schneiden kann (**tournieren**)
04.038

der **Wellenschliff**
Wel·len·schliff <-e>
eine spezielle Art, in der das Metall von Messern für Obst, Gemüse oder Brot geformt ist
04.039

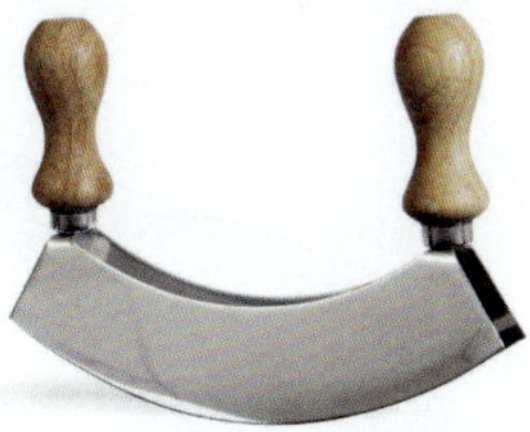

das **Wiegemesser**
Wie·ge·mes·ser <->
ein Messer mit einem oder zwei scharfen, halbrunden Teilen aus Metall; schneidet sehr fein
04.040

Küchenwerkzeug, Küchenhelfer

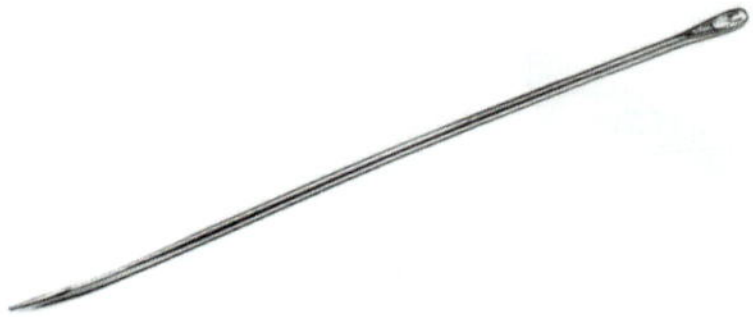

die **Dressiernadel**
Dres·sier·na·del <-n>
eine lange Nadel, mit der gefüllte Braten zugenäht werden
auch Bindenadel, Bratennadel, Fleischnadel
04.041

die **Fleischgabel**
Fleisch·ga·bel <-n>
eine lange Gabel mit langem Griff; wird zum Halten und Wenden von Bratenstücken gebraucht
04.042

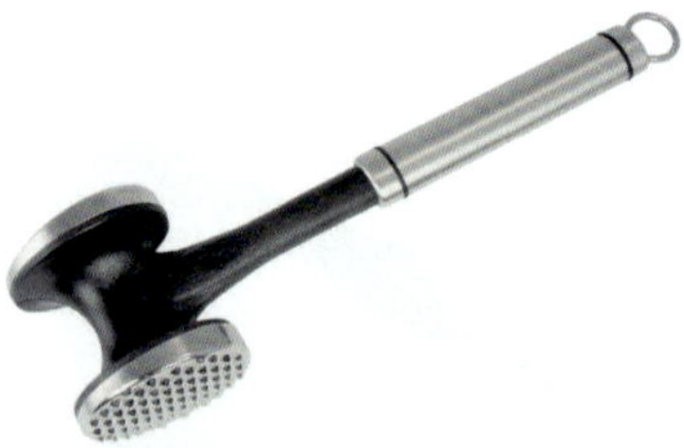

der **Fleischklopfer**
Fleisch·klop·fer <->
eine Art Hammer mit unterschiedlichen Spitzen an den Enden; macht rohes Fleisch dünn und weich (**zart**, **mürbe**)
auch Fleischhammer
04.043

das **Gefäß**
Ge·fäß <-e>
Gläser, Schüsseln, Tassen und Töpfe sind Gefäße, in die man vor allem Getränke, Speisen und Lebensmittel gibt
04.044

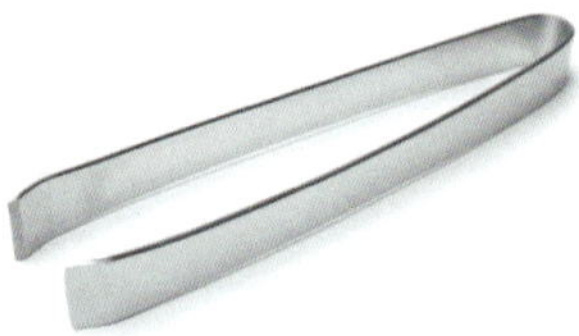

die **Grätenzange**
Grä·ten·zan·ge <-n>
eine kleine Zange, mit der **Gräten** aus Fisch oder Fischteilen gezogen werden
04.045

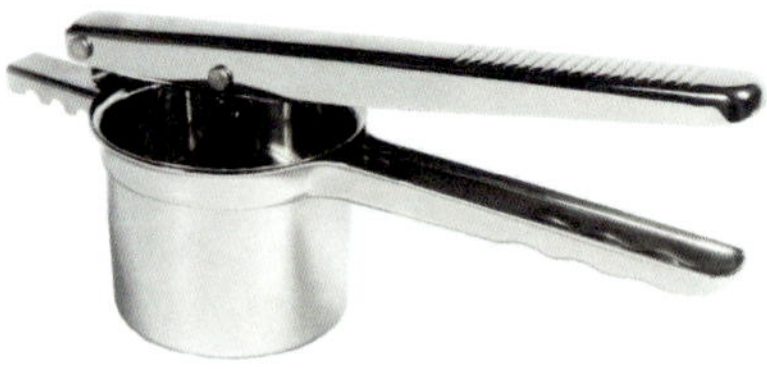

die **Kartoffelpresse**
Kar·tof·fel·pres·se <-n>
ein Gerät aus Metall, mit dem gekochte Kartoffeln zu **Brei** gedrückt werden
04.046

der **Messbecher**
Mess·be·cher <->
ein **Gefäß** aus Glas oder Kunststoff; damit wird die Menge von Flüssigkeiten oder fließenden, festen Stoffen (Mehl, Zucker) gemessen
auch Becherglas, Messzylinder
04.047

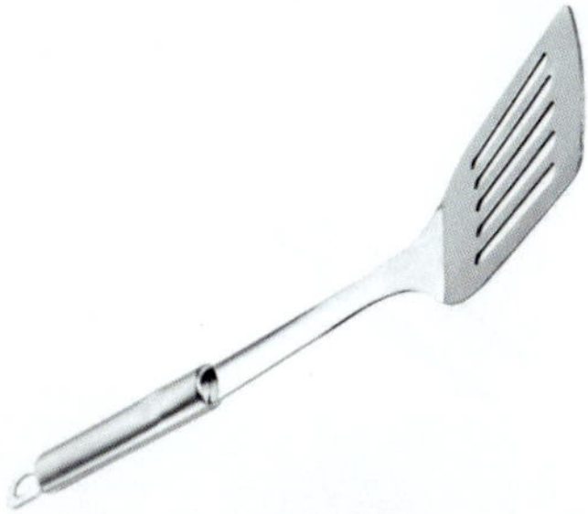

die **Palette**
Pa·let·te <-n>
hier: ein Gerät, mit dem Gebratenes gehoben oder gewendet wird
04.048

das **Plattiereisen**
Plat·tier·ei·sen <->
ein Gerät aus Metall, mit dem man Fleischstücke vor dem Braten flach schlägt (plattiert)
04.049

der **Schneebesen**
Schnee·be·sen <->
ein Küchengerät, mit dem flüssige oder fast flüssige Zutaten zu **Schaum** geschlagen werden
auch Rührbesen, Schaumschläger
04.050

der **Spargelheber**
Spar·gel·he·ber <->
eine Art flache Zange, mit der Spargel aus dem Topf genommen wird
04.051

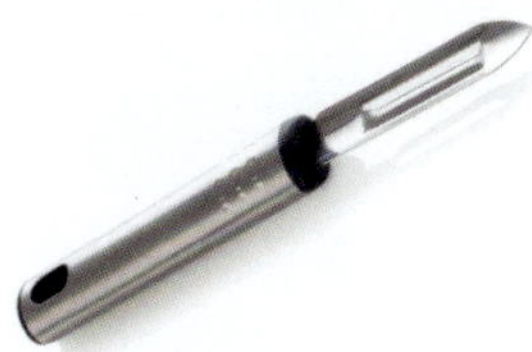

der **Sparschäler**
Spar·schä·ler <->
ein Gerät, mit dem die **Schalen** von Obst und Gemüse so entfernt werden, dass möglichst wenig von der Frucht oder dem Gemüse verloren geht
04.052

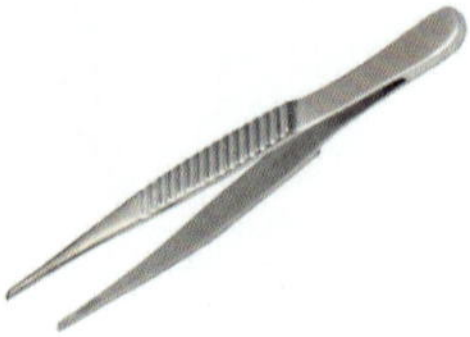

die Spitzzange
Spitz·zan·ge <-n>
eine sehr schmale Zange zum Dekorieren von fertigen Speisen; wird manchmal auch zum Ziehen von **Gräten** benutzt
auch Pinzette
04.053

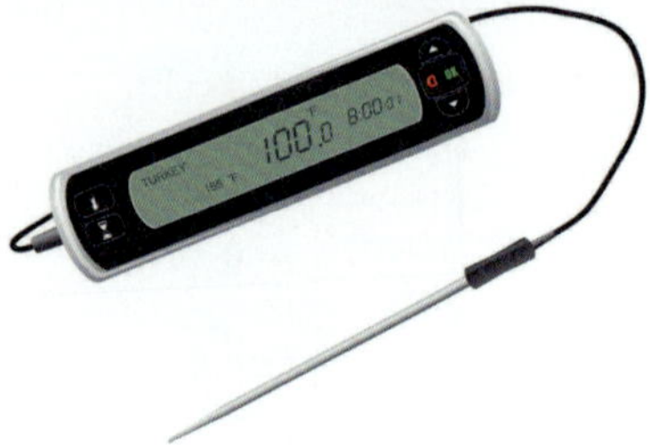

das Thermometer
Ther·mo·me·ter <->
hier: ein kleines Gerät, das Temperaturen beim Kochen und Braten oder im **Gargut** misst
04.054

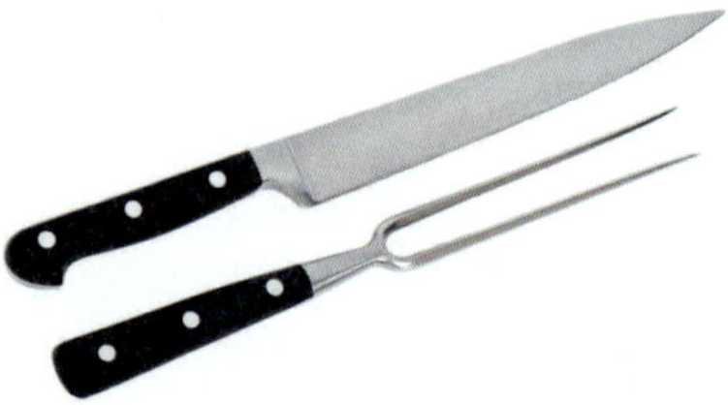

das Tranchierbesteck
Tran·chier·be·steck <-e>
ein großes Messer und eine große Gabel, mit denen vor allem bei **Geflügel** das Fleisch von den Knochen getrennt wird
04.055

die Walze
Wal·ze <-n> *lang* Teigwalze
hier: ein Gerät aus Holz oder Kunststoff, mit dem Teig flach und dünn auf einer Fläche **ausgerollt** wird
auch Nudelholz, Rollholz, Teigrolle
04.056

der Zestenreißer
Zes·ten·rei·ßer <->
ein kleines Gerät, mit dem die oberste Schale von Obst oder Gemüse in sehr feine Streifen gerissen wird
04.057

das **Sieb**
Sieb <-e>
ein Gerät meist aus Metall oder Kunststoff; trennt kleine von größeren Teilen oder feste von flüssigen Stoffen; z. B. Teesieb
04.058

der **Durchschlag**
Durch·schlag <Durchschläge>
ein **Sieb**, das größere Löcher hat
auch Nudelsieb, Seiher
04.059

feinmaschig
fein·ma·schig
<feinmaschiger, am feinmaschigsten>
hier: so ist ein **Sieb**, das sehr kleine Löcher hat
04.060

das **Spitzsieb**
Spitz·sieb <-e>
ein spezielles **Sieb**, das unten spitz ist und zum **Passieren** von Flüssigkeiten verwendet wird; gibt es mit kleinen und größeren Löchern
04.061

die **Brigade de cuisine**

Bri·gade de cui·sine <Brigades de cuisine>
die Mitarbeiter einer Küche in der **Gastronomie**
auch Küchenbrigade, Küchenpersonal
05.001

der Apprenti cuisinier

Ap·pren·ti cui·si·ni·er <Apprentis cuisinier >

die Apprentie cuisinière

Ap·pren·tie cui·si·ni·ère <Apprenties cuisinière>
der/die Auszubildende in der Küche
05.002

der Chef de cuisine

Chef de cui·sine <Chefs de cuisine>

die Cheffe de cuisine

Cheffe de cui·sine <Cheffes de cuisine>
der Chef/die Chefin der Küche;
leitet alle Bereiche, z. B. Einkauf,
Ausbildung, Erstellen der Speisekarte
auch Küchenchef(in), Maître de cuisine
05.003

der Chef de partie

Chef de par·tie <Chefs de partie>

die Cheffe de partie

Cheffe de par·tie <Cheffes de partie>
dieser Koch/diese Köchin hat bereits
als **Commis de cuisine** gearbeitet
und möchte Karriere machen
05.004

der/die Commis de cuisine

Com·mis de cui·sine <->
ein Koch/eine Köchin mit fertiger
Ausbildung; er/sie will mehr lernen
und praktische Erfahrungen sammeln,
arbeitet für den **Chef de cuisine**
auch Jungkoch/Jungköchin
05.005

der **Demichef de partie**
De·mi·chef de par·tie <Demichefs de partie>
die **Demicheffe de partie**
De·mi·cheffe de par·tie <Demicheffes de partie>
ein Koch/eine Köchin, der/die schon einige Erfahrung hat; darf dem **Jungkoch** und dem Azubi sagen, was sie tun sollen
05.006

der **Directeur de cuisine**
Di·rec·teur de cui·sine <Directeurs de cuisine>
die **Directrice de cuisine**
Di·rec·trice de cui·sine <Directrices de cuisine>
eine Position, die es nur in großen Küchen oder Hotelküchen gibt; so heißt der Chef/die Chefin von allen Küchen und Köchen
auch Küchendirektor(in)
05.007

der **Souschef**
Sous·chef <-s>
die **Souscheffe**
Sous·cheffe <-s>
der Koch/die Köchin übernimmt die Aufgaben des **Küchenchefs**, wenn dieser nicht da ist
auch zweiter Küchenchef/zweite Küchenchefin
05.008

der **Tournant**
Tour·nant <-s>
die **Tournante**
Tour·nante <-s>
ein Koch/eine Köchin, der/die schon in allen Bereichen der Küche gearbeitet hat; kann bei Bedarf alle Aufgaben übernehmen
auch Vertretungskoch/Vertretungsköchin, Springer(in)
05.009

der **Boucher**
Bou·cher <-s>
die **Bouchère**
Bou·chère <-s>
ein Fachmann/eine Fachfrau für **Schlachtfleisch**; schneidet und putzt Fleisch, **Wild** und **Geflügel** für die Köche
auch Küchenmetzger(in)
05.010

der **Entremetier**
En·tre·me·ti·er <-s>
die **Entremetière**
En·tre·me·ti·ère <-s>
ein Koch/eine Köchin, der/die Eierspeisen, **Beilagen** und Gemüse zubereitet
auch Beilagenkoch/Beilagenköchin
05.011

der/die **Gardemanger**
Gar·de·man·ger <-s>
der Koch/die Köchin, der/die alle kalten Gerichte zubereitet, in kleinen **Küchenbrigaden** auch die Vorspeisen, z. B. Salat
auch Beikoch/Beiköchin, Kaltmamsell, kalte Mamsell
05.012

der **Glacier**
Gla·ci·er <-s>
die **Glacière**
Gla·ci·ère <-s>
ein Fachmann/eine Fachfrau, der/die Eis und andere gefrorene Speisen herstellt
05.013

der **Hors-d'œuvrier**
Hors-d'œuv·ri·er <-s>
ein Fachmann/eine Fachfrau für Vorspeisen; hilft außerdem bei der Herstellung von Saucen und Salaten
05.014

der **Pâtissier**
Pâ·tis·si·er <-s>
die **Pâtissière**
Pâ·tis·si·ère <-s>
ein Spezialist/eine Spezialistin für Desserts, süße Speisen, Kuchen, Torten und kleines Gebäck
auch Küchenkonditor(in)
05.015

der **Poissonnier**
Pois·son·ni·er <-s>
die **Poissonnière**
Pois·son·ni·ère <-s>
der Koch/die Köchin, der/die alle Fischgerichte, **Krebse** und **Schalentiere** zubereitet
auch Fischkoch/Fischköchin
05.016

der **Potager**
Po·ta·ger <-s>
die **Potagère**
Po·ta·gère <-s>
ein Fachmann/eine Fachfrau für jede Art von Suppen; nur in großen **Küchenbrigaden**
auch Suppenkoch/Suppenköchin
05.017

der **Régimier**
Ré·gi·mi·er <-s>
die **Régimière**
Ré·gi·mi·ère <-s>
der Koch/die Köchin, der/die zuständig ist für die Diätgerichte
auch Diätkoch/Diätköchin
05.018

der **Rôtisseur**
Rô·tis·seur <-s>
die **Rôtisseuse**
Rô·tis·seuse <-s>
der Koch/die Köchin, der/die Braten, Gerichte aus der Pfanne und aus dem **Fettbad** zubereitet
auch Bratenkoch/Bratenköchin
05.019

der **Saucier**
Sau·ci·er <-s>
die **Saucière**
Sau·ci·ère <-s>
dieser Koch/diese Köchin ist verantwortlich für die Zubereitung von Saucen; Fleisch, **Wild** und **Geflügel** und arbeitet oft als **Souschef(in)**
auch Saucenkoch/Saucenköchin
05.020

die **Postenküche**

Pos·ten·kü·che <-n>

eine Küche im Restaurant mit verschiedenen Arbeitsbereichen (Posten), z. B. kalte Speisen (**Gardemanger**) oder Suppen (**Potager**)

05.021

das Kochzentrum

Koch·zen·trum <Kochzentren>

hier: meistens u-förmig angeordneter Arbeitsplatz in der Küche, mit allen Geräten, die ein einziger Koch braucht, um ein komplettes Gericht herzustellen

05.022

die Bestellung

Be·stel·lung <-en>

hier: der Auftrag an das **Kochzentrum**, eine bestimmte Speise herzustellen

05.023

die Ausgabe

Aus·ga·be <-n>

❶ die Stelle in **Kochzentrum** und **Postenküche**, von der die fertigen Speisen abgeholt werden

❷ die Lieferung der fertigen Speisen aus der **Postenküche** oder dem **Kochzentrum**

05.024

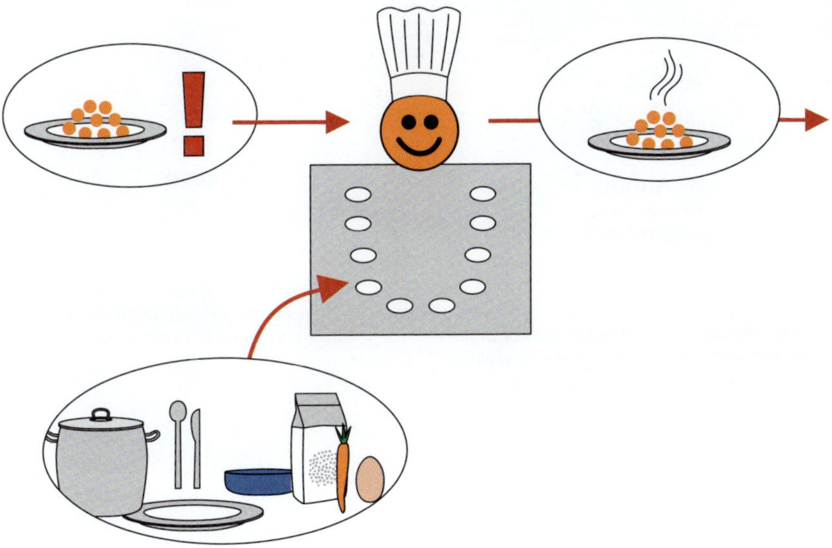

das/die Mise en place

Mise en place *kein Plural*

hier: die Vorbereitung der Arbeit durch das Bereitstellen der nötigen Zutaten, Gegenstände und Geräte, z. B. Gewürze, Töpfe

05.025

Speisen bestellen und bereitstellen

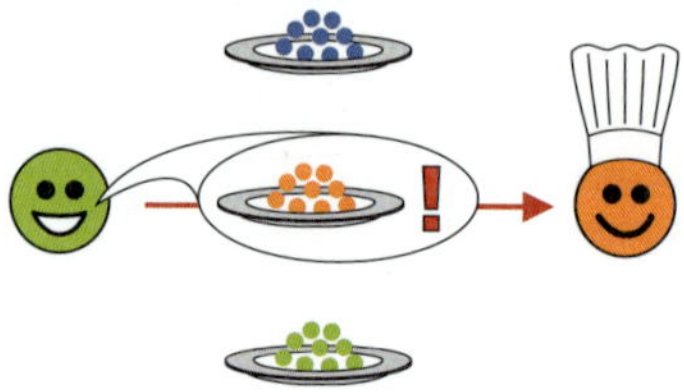

der **Abruf**
Ab·ruf <-e>
hier: die Aufforderung vom Service an den Koch, das nächste Gericht fertigzustellen
05.026

die **Annonce**
An·non·ce <-n>
hier: ein Auftrag an die **Postenküche**
05.027

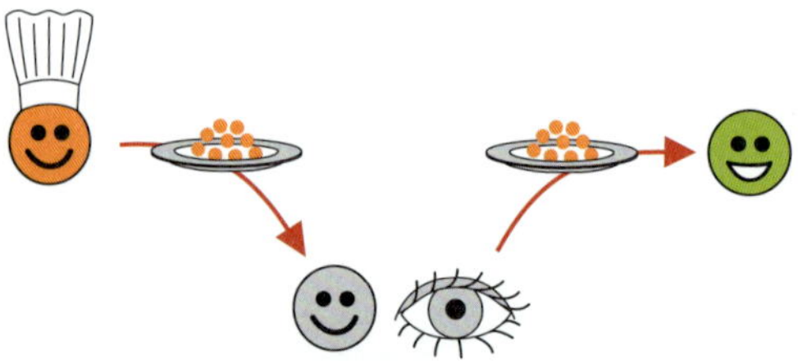

der **Annoncier**
An·non·ci·er <-s>
die **Annoncière**
An·non·ci·ère <-s>
dieser Mitarbeiter/diese Mitarbeiterin ist die Verbindung zwischen Küche und Service; gibt die Bestellungen in die Küche und kontrolliert sie, bevor sie den Gästen gebracht werden
auch Annonceur/Annonceuse
05.028

der **Bon**
Bon <-s>
hier: der Auftrag für Küche oder Bar; ein Zettel, auf dem steht, welche Speisen und Getränke bestellt wurden
05.029

die **Haltezeit**

Hal·te·zeit <-en>
hier: die Zeit, in der eine fertige Speise warm gehalten wird
05.030

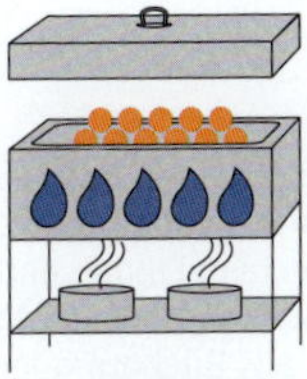

das Chafing Dish

Cha·fing Dish <-es>
kurz Chafi
ein spezielles Geschirr zum Warmhalten von Speisen; meist aus Metall
05.031

das/der Rechaud

Re·chaud <-s>
ein kleines Gerät, mit dem Speisen auf dem Tisch gekocht, heiß gemacht oder warm gehalten werden
auch Warmhalteplatte
05.032

Arbeitsplanung

das Ablagesystem

Ab·la·ge·sys·tem <-e>
hier: die Methode, mit der Rezepte oder Zutaten für die Reihenfolge der Speisen geordnet werden
05.033

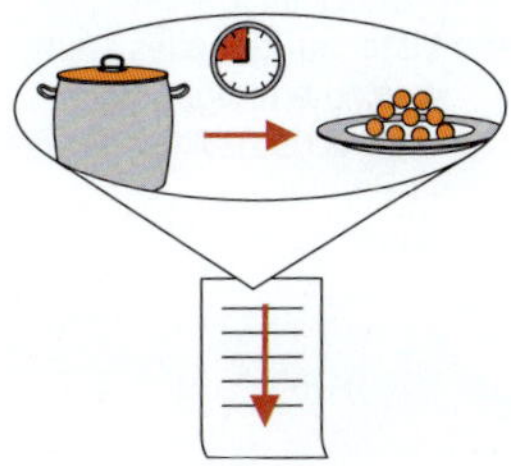

der Arbeitsablaufplan

Ar·beits·ab·lauf·plan <Arbeitsablaufpläne>
hier: eine Liste, auf der Reihenfolge und Zeit für die Herstellung einer Speise oder eines Menüs stehen; kann durch Symbole dargestellt werden
05.034

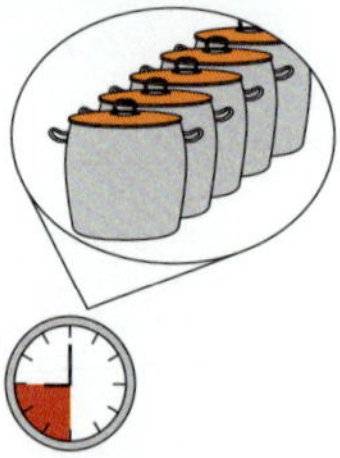

die Arbeitsspitze

Ar·beits·spit·ze <-n>
die Zeit, in der besonders viel und schnell gearbeitet werden muss
05.035

das Beschaffen von Informationen

Be·schaf·fen von In·for·ma·ti·o·nen
hier: das Suchen, Finden und Lernen des nötigen Wissens für das Erledigen einer Aufgabe, z. B. aus Büchern oder im Internet
05.036

die Checkliste

Check·lis·te <-n>
eine Liste, auf der alles steht, was zu erledigen ist
05.037

die Kartei

Kar·tei <-en>
Karten, die für einen bestimmten Zweck gesammelt und nach dem Alphabet geordnet werden; z. B. Rezeptkartei für die Arbeitsplanung
05.038

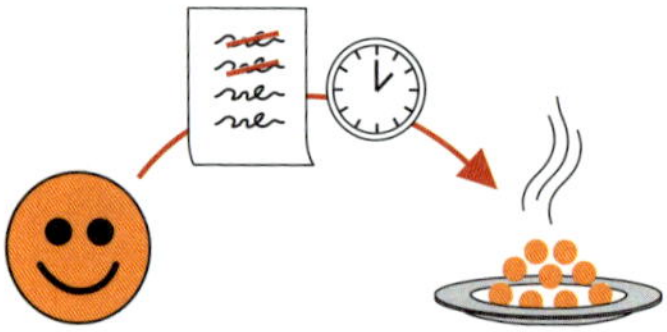

rationell arbeiten

ra·ti·o·nell ar·bei·ten
hier: eine Arbeit so vorbereiten, dass sie in möglichst kurzer Zeit erledigt werden kann, z. B. mit einer Liste und Notizen (**Checkliste**)
05.039

die Vorgabe

Vor·ga·be <-n>
eine Regel, die für eine spezielle Tätigkeit vorher festgelegt wird, z. B. die Zeit für eine bestimmte Arbeit
05.040

abziehen ❶

ab·zie·hen <zieht ab, zog ab, hat abgezogen>
hier: Haut von Fisch und Fleisch oder **Schale** von Obst und Gemüse durch Ziehen entfernen
▶ 06.001

abziehen ❷

ab·zie·hen <zieht ab, zog ab, hat abgezogen>
hier: Messer mit dem **Abziehstahl** scharf machen (schärfen)
▶ 06.001

abziehen ❸

ab·zie·hen <zieht ab, zog ab, hat abgezogen>
hier: **Eigelb** rühren und mit Flüssigkeit mischen, bis die Mischung dicker geworden ist
▶ 06.001

filetieren ❶

fi·le·tie·ren <filetiert, filetierte, hat filetiert>
Haut und **Gräten** von den Seitenteilen eines sauberen Fisches trennen
▶ 06.002

filetieren ❷

fi·le·tie·ren <filetiert, filetierte, hat filetiert>
das Fleisch vom mittleren Knochen des Rückens (Rückgrat) von essbaren Tieren trennen und **parieren**
▶ 06.002

filetieren ❸

fi·le·tie·ren <filetiert, filetierte, hat filetiert>
die **Schale** und Häute von Früchten wie Zitrone, Orange, Mandarine oder Grapefruit (Zitrusfrüchte) bis zum Fruchtfleisch entfernen
auch filieren
▶ 06.002

flambieren

flam·bie·ren <flambiert, flambierte, hat flambiert>
den Geschmack einer Speise durch brennenden Alkohol intensiver machen
▶ 06.003

der Krallengriff

Kral·len·griff <-e>
eine Technik beim Schneiden; die Finger der einen Hand werden nach innen gebogen, um Verletzungen zu vermeiden
▶ 06.004

panieren

pa·nie·ren <paniert, panierte, hat paniert>
ein Lebensmittel in rohes Ei tauchen und danach in sehr kleinen Brot**krümeln** (Paniermehl) drehen/wenden
▶ 06.005

portionieren

por·ti·o·nie·ren
<portioniert, portionierte, hat portioniert>
eine größere Menge in einzelne Portionen teilen
▶ 06.006

pürieren

pü·rie·ren <püriert, pürierte, hat püriert>
feste Lebensmittel, z. B. Gemüse, meist mit einem **Stabmixer** zu einem feinen **Püree** machen
▶ 06.007

schaben

scha·ben <schabt, schabte, hat geschabt>
eine ganz feine und dünne Schicht der **Schale** von Obst oder Gemüse entfernen, z. B. mit einem Messer oder **Sparschäler**
▶ 06.008

schälen

schä·len <schält, schälte, har geschält>
die **Schale** von Obst oder Gemüse entfernen
06.009

das Schneidegut

Schnei·de·gut *kein Plural*
etwas, das geschnitten wird, z. B. Obst, Gemüse, Fleisch
auch Schnittgut
06.010

verlesen

ver·le·sen <verliest, verlas, hat verlesen>
schlechte Früchte oder Pflanzenteile von guten trennen
06.011

die wiegende Bewegung

wie·gen·de Be·we·gung
eine gleichmäßige Bewegung von rechts nach links und zurück, z. B. das Schneiden mit dem **Wiegemesser**
06.012

Fisch und Fleisch

aufschneiden

auf·schnei·den
<schneidet auf, schnitt auf, hat aufgeschnitten>
hier: feste Lebensmittel, wie Wurst, Schinken oder Käse, in Scheiben schneiden
06.013

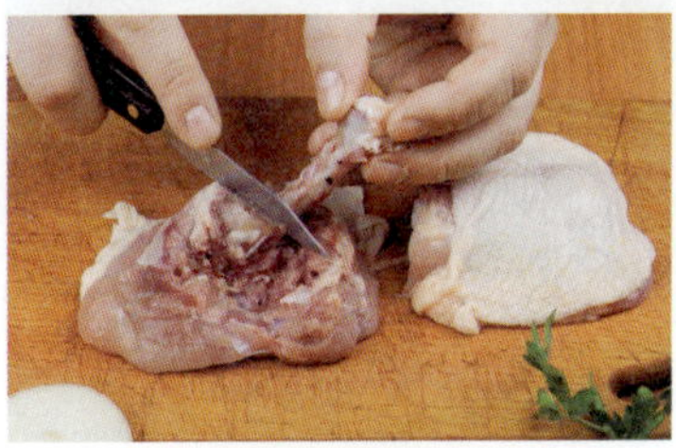

ausbeinen

aus·bei·nen
<beint aus, beinte aus, hat ausgebeint>
Knochen aus rohem Fleisch entfernen
auch entbeinen, auslösen
06.014

bardieren
bar·die·ren
<bardiert, bardierte, hat bardiert>
Speck um oder auf mageres Fleisch legen
06.015

entgräten
ent·grä·ten
<entgrätet, entgrätete, hat entgrätet>
kleine und große **Gräten** aus ganzen Fischen oder Stücken ziehen
06.016

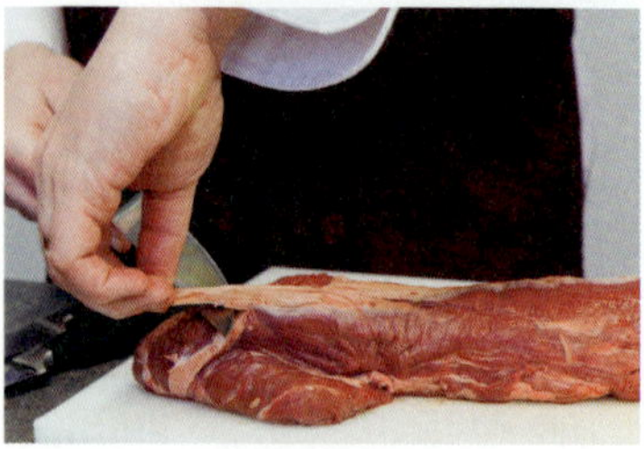

parieren
pa·rie·ren
<pariert, parierte, hat pariert>
hier: Fett und Abfälle von Fleisch entfernen
06.017

die **Parüren**
Pa·rü·ren *nur Plural*
hier: Fett und Abfälle von Fleisch, die beim **Parieren** übrig bleiben und für andere Speisen, z. B. Saucen und **Fonds** verwendet werden
auch Abgänge
06.018

tranchieren
tran·chie·ren
<tranchiert, tranchierte, hat tranchiert>
Braten, **Wild**, **Geflügel** oder Fisch nach bestimmten Regeln schneiden
06.019

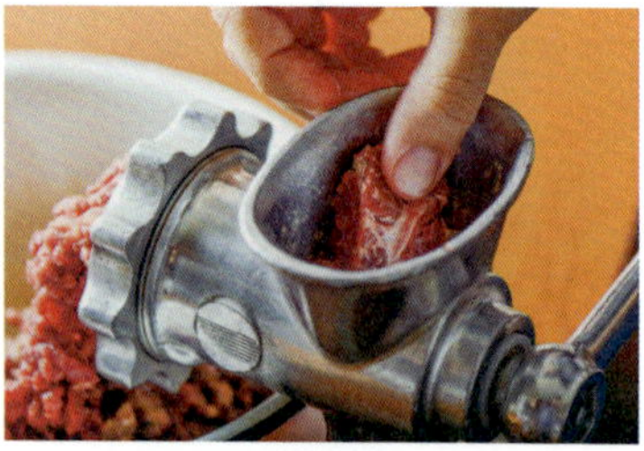

wolfen
wol·fen
<wolft, wolfte, hat gewolft>
Lebensmittel, z. B. Fleisch, mit einem **Fleischwolf** in sehr kleine Teile schneiden
06.020

Mehl und Gebäck

auskleiden

aus·klei·den

<kleidet aus, kleidete aus, hat ausgekleidet>

hier: **Teig** auf den Boden und an die Seiten einer Backform legen

06.021

ausstechen

aus·ste·chen

<sticht aus, stach aus, hat ausgestochen>

hier: mit speziellen Formen kleine Stücke aus **Teig** schneiden

06.022

bemehlen

be·meh·len <bemehlt, bemehlte, hat bemehlt>

Mehl auf etwas (z. B. den Teig, den Tisch) geben

auch bestäuben, einstäuben, stäuben

06.023

kneten

kne·ten <knetet, knetete, hat geknetet>

aus mehreren Zutaten (z. B. Mehl, Butter, Eier) einen festen **Teig** machen

06.024

locker-luftig

lo·cker-luf·tig

so ist eine leichte Speise mit Luftlöchern

06.025

mehlieren

meh·lie·ren <mehliert, mehlierte, hat mehliert>

eine Speise in Mehl drehen/wenden

06.026

melieren

me·lie·ren <meliert, melierte, hat meliert>
mehrere Zutaten miteinander mischen; oft Mehl zu einer Masse geben
auch unterheben
06.027

die Mulde

Mul·de <-n>
hier: eine tiefe Stelle in einem Berg (Haufen) von Mehl
06.028

sieben

sie·ben <siebt, siebte, hat gesiebt>
hier: Mehl durch ein feines **Sieb** schütteln
06.029

die Streusel

Streu·sel *nur Plural*
hier: viele **Krümel** aus **Teig**, die auf den Kuchen gegeben und mitgebacken werden
06.030

der Teig

Teig <-e>
eine weiche Mischung aus verschiedenen Zutaten, z. B. Mehl, Milch, Wasser, manchmal Ei; wird gebacken
06.031

tourieren

tou·rie·ren <touriert, tourierte, hat touriert>
Butter und flache Teigplatten mehrere Male aufeinanderlegen und mit der **Teigrolle** zusammendrücken
06.032

die **Umhüllung**
Um·hül·lung <-en>
Teig, der vor dem Backen außen um Fleisch, Fisch oder Gemüse gelegt wird
06.033

vermengen
ver·men·gen
<vermengt, vermengte, hat vermengt>
mehrere Zutaten miteinander mischen, z. B. Eier und Mehl
06.034

Geschmack ändern

anmachen
an·ma·chen
<macht an, machte an, hat angemacht>
hier: den Geschmack von Lebensmitteln durch Gewürze und/oder Flüssigkeit verändern
auch marinieren
06.035

die **Beize**
Bei·ze <-n>
hier: mehrere Gewürze, die auf Fisch oder Fleisch gelegt werden (Trockenbeize); kann zusätzlich mit Wein oder anderer Flüssigkeit gemischt werden (nasse Beize)
06.036

die **Marinade**
Ma·ri·na·de <-n>
eine nasse **Beize** für Fisch oder Fleisch
06.037

die **Salatmarinade**
Sa·lat·ma·ri·na·de <-n>
eine flüssige Mischung aus Gewürzen, meistens mit Öl und Essig, z. B. Vinaigrette, Cocktailsauce
auch Salatsauce, Dressing
06.038

Wasser und Flüssigkeit

abtropfen lassen

ab·trop·fen las·sen

ein Lebensmittel oder eine Speise in ein **Sieb** oder Tuch geben, um die Flüssigkeit von den festen Teilen zu trennen

06.039

aufquellen

auf·quel·len

<quillt auf, quoll auf, ist aufgequollen>

hier: ein (getrocknetes) Lebensmittel wird durch Flüssigkeit größer

auch quellen

06.040

einweichen

ein·wei·chen

<weicht ein, weichte ein, hat eingeweicht>

hier: trockene Lebensmittel, z. B. Erbsen und Bohnen, in Wasser legen, damit sie Flüssigkeit aufnehmen

06.041

wässern

wäs·sern

<wässert, wässerte, hat gewässert>

hier: etwas längere Zeit in Wasser legen, z. B. um bitteren Geschmack zu entfernen

06.042

das Concassée
Con·cas·sée *kein Plural*
Tomate(n) ohne Haut und Kerne, in kleine Würfel geschnitten
auch concassée de tomates, Tomaten-Concassée
07.001

die Crudités
Cru·di·tés *nur Plural*
schmale Stücke (Streifen) von nicht gekochtem Gemüse; oft als Vorspeise
07.002

entkernen
ent·ker·nen <entkernt, entkernte, hat entkernt>
kleine harte Teile (Steine/Kerne) aus Obst und Gemüse entfernen
auch entsteinen
07.003

hobeln
ho·beln <hobelt, hobelte, hat gehobelt>
hier: Gemüse mit einem speziellen Werkzeug (Gemüsehobel) in feine Stücke oder dünne Scheiben schneiden
07.004

Petersilie hacken
Pe·ter·si·lie ha·cken
Petersilie mit einem scharfen Messer oder **Wiegemesser** klein schneiden
07.005

raffeln
raf·feln <raffelt, raffelte, hat geraffelt>
rohes, festes Gemüse oder Käse auf einer **Reibe** mit großen Löchern in nicht zu kleine Stücke **reiben**, z. B. Kürbis
07.006

raspeln

ras·peln <raspelt, raspelte, hat geraspelt>
süße oder salzige Lebensmittel auf einer **Reibe** in kleine Stückchen **reiben**, z. B. Schokolade
07.007

rebeln 1

re·beln <rebelt, rebelte, hat gerebelt>
kleine Früchte (Beeren/**Trauben**) von der Pflanze nehmen, z. B. Johannisbeeren
07.008

rebeln 2

re·beln <rebelt, rebelte, hat gerebelt>
Blüten und/oder Blätter von frischen Gewürzen und Pflanzen nehmen und **zerreiben**
07.008

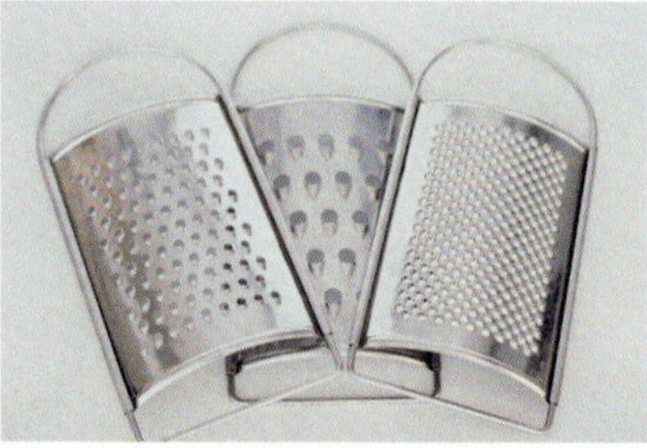

die Reibe 1

Rei·be <-n>
ein Gerät, auf dem Obst, Gemüse oder Käse in kleine Stücke **gerieben** wird
07.009

die Reibe 2

Rei·be <-n>
verschiedene Reibeflächen in einem Gerät
auch Universalreibe, Universalhobel
07.009

reiben

rei·ben <reibt, rieb, hat gerieben>
hier: Lebensmittel wie Gemüse, Obst oder Käse mit etwas Druck so hin und herbewegen, dass kleine Stücke entstehen , z. B. Parmesan
07.010

reißen
rei·ßen <reißt, riss, hat gerissen>
durch kräftiges Ziehen Teile voneinander trennen, z. B. Brot
07.011

der Schälverlust
Schäl·ver·lust <-e>
Gewicht, das verloren geht, wenn etwas **geschält** wird, z. B. Karotten
07.012

spalten
spal·ten
<spaltet, spaltete, hat gespalten/gespaltet>
hier: Obst oder Gemüse in Scheiben schneiden
07.013

spiralförmig schälen
spi·ral·för·mig schä·len
rohe Lebensmittel in Runden so **schälen**, dass die **Schale** möglichst in einem Stück bleibt, z. B. eine Apfelsine
07.014

spreizen
sprei·zen
<spreizt, spreizte, hat gespreizt>
etwas auseinanderziehen oder -drücken; z. B. Lauch zum Reinigen
07.015

zerkleinern
zer·klei·nern
<zerkleinert, zerkleinerte, hat zerkleinert>
etwas in kleine Stücke teilen, z. B. Weißkohl
07.016

zerpflücken

zer·pflü·cken
<zerpflückt, zerpflückte, hat zerpflückt>
hier: Lebensmittel mit den Händen in Stücke **reißen** (zerteilen), z. B. Salat
07.017

zerreiben

zer·rei·ben <zerreibt, zerrieb, hat zerrieben>
etwas mit einem speziellen Gerät oder zwischen den Fingern ganz klein machen, z. B. Gewürze oder Kräuter
07.018

die Zeste

Zes·te <-n>
ein sehr dünner Streifen der farbigen Haut von Gemüse, Orangen oder Zitronen; wird mit speziellem Werkzeug (**Zestenreißer**) **gerissen**
07.019

zupfen

zup·fen <zupft, zupfte, hat gezupft>
hier: Teile von Lebensmitteln durch schnelles, leichtes Ziehen von der Pflanze nehmen oder in kleine Stücke **reißen**, z. B. Kräuter
07.020

die **Schnittart bei Gemüse**
Schnitt·art bei Ge·mü·se
die Methode, Gemüse auf eine bestimmte Art zu schneiden
07.021

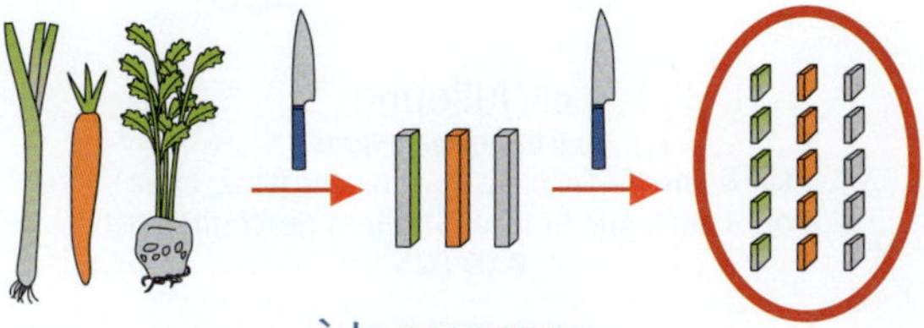

à la paysanne
à la pay·sanne
so ist Gemüse, das zuerst in schmale Stücke mit vier Kanten und danach in feine Scheiben geschnitten wird
auch nach Bauernart
07.022

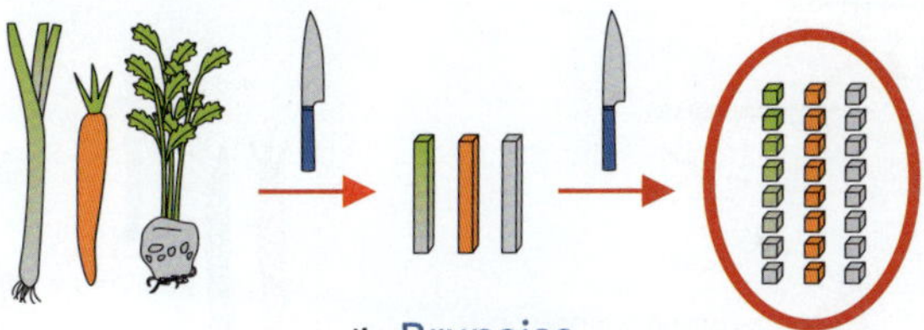

die Brunoise
Bru·noise *kein Plural*
Gemüse, das in sehr kleine (1 bis 2 mm große) Würfel geschnitten ist
auch Gemüse brunoise
07.023

die Chiffonade
Chif·fo·na·de *kein Plural*
sehr fein geschnittene Blätter von Gemüse oder Salat
07.024

die Julienne
Ju·li·enne *kein Plural*
ein Name für Gemüse, das in sehr feine, etwa
3 bis 4 cm lange Stücke (Streifen) geschnitten ist
07.025

Schnittform

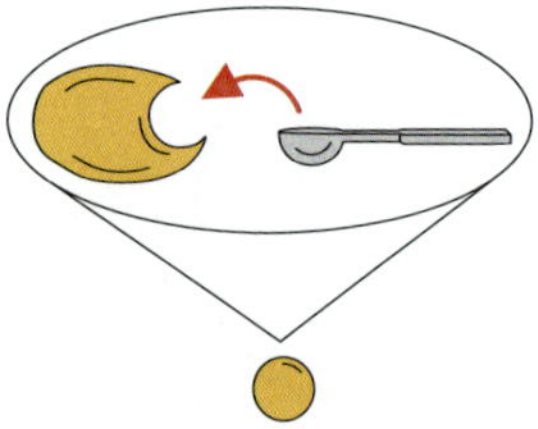

ausgebohrte Kartoffel
aus·ge·bohr·te Kar·tof·fel
ein rundes Stück, das mit einem speziellen
Löffel aus einer Kartoffel geschnitten wird,
z. B. Pariser Kartoffeln (pommes parisienne),
Nusskartoffeln (pommes noisettes)
07.026

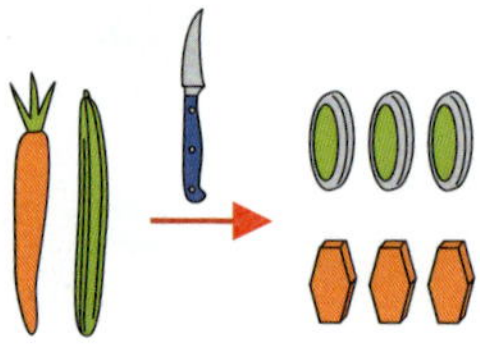

tournieren
tour·nie·ren
<tourniert, tournierte, hat tourniert>
Gemüse in kleine, hübsch
geformte Stücke schneiden
07.027

Bindemittel und binden

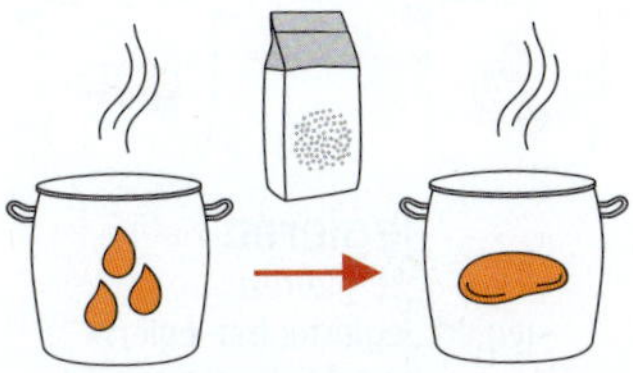

binden
bin·den
<bindet, band, hat gebunden>
hier: Flüssigkeiten, Suppen oder Saucen dicker machen, z. B. mit Mehl
auch andicken, eindicken
08.001

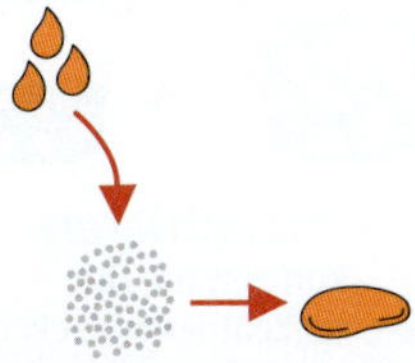

das Dickungsmittel
Di·ckungs·mit·tel <->
ein Mittel, das eine Flüssigkeit dicker macht, z. B. Mehl, **Gelatine**
auch Bindemittel, Verdickungsmittel
08.002

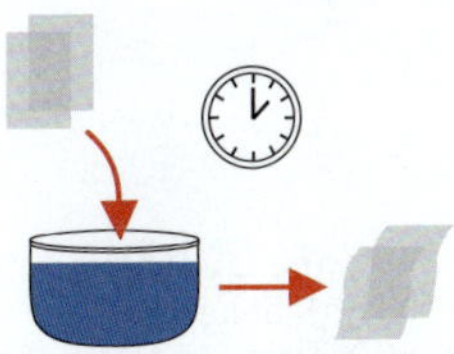

einweichen
ein·wei·chen
<weicht ein, weichte ein, hat eingeweicht>
hier: ein **Dickungsmittel** so lange in Flüssigkeit legen, bis es weich ist, z. B. **Gelatine**
08.003

die Gallerte
Gal·ler·te <-n>
ein **Dickungsmittel**; entsteht, wenn Tierteile, die **Leimeiweiß** enthalten, länger gekocht werden, z. B. Knochen
auch Gallert
08.004

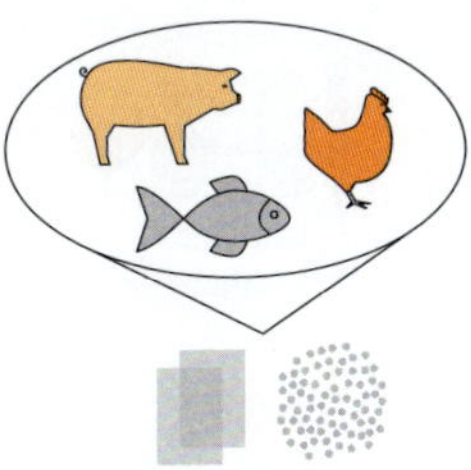

die Gelatine
Ge·la·ti·ne <-n> *kurz* Gel.
ein **Dickungsmittel**, das aus tierischen Stoffen besteht und in verschiedenen Formen angeboten wird
08.005

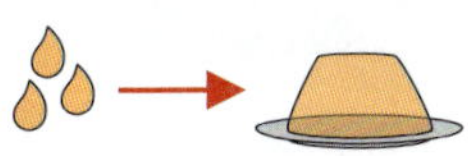

gelieren
ge·lie·ren
<geliert, gelierte, hat geliert>
eine Flüssigkeit wird halbfest zu **Gelee**
08.006

konzentrieren

kon·zen·trie·ren
<konzentriert, konzentrierte, hat konzentriert>
hier: eine Flüssigkeit so lange ohne Deckel kochen, bis die Flüssigkeit weniger und dicker wird, z. B. Suppe oder Sauce
auch eindicken, einkochen, reduzieren
08.007

legieren

le·gie·ren
<legiert, legierte, hat legiert>
hier: Suppe oder Sauce mit Ei, Sahne oder Mehl dicker machen
auch abbinden, binden
08.008

das Leimeiweiß

Leim·ei·weiß *kein Plural*
ein spezielles **Eiweiß** (**Protein**), das aus Knochen usw. gelöst wird, wenn man sie länger kocht
auch Kollagen
08.009

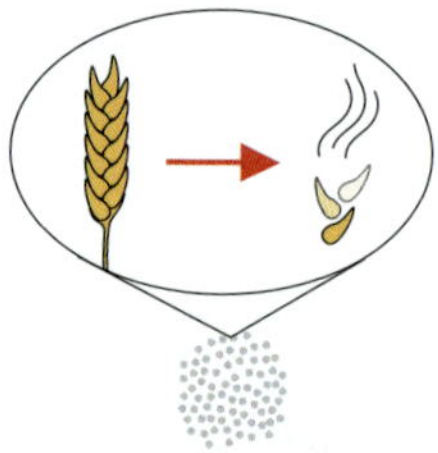

die Stärke

Stär·ke <-n>
ein **Dickungsmittel** aus einem Stoff, der in verschiedenen Pflanzen, z. B. Getreide, vorkommt; wird zu einer Art Mehl getrocknet
08.010

halbfeste Speisen

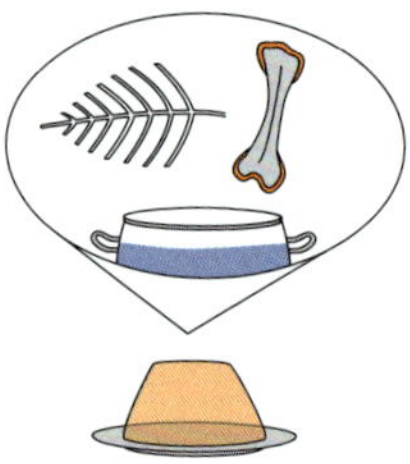

das/der Aspik 1

As·pik <-e>
eine kalte, halbfeste Flüssigkeit; wird aus dem Wasser von gekochtem Fisch und Fleisch hergestellt
auch Gelee
08.011

das/der Aspik 2

As·pik <-e>
eine kalte, salzige Speise aus vorher zubereitetem kaltem Gemüse, Fleisch oder Fisch in **Aspik**/**Gelee**
08.011

die **Galantine**
Ga·lan·ti·ne <-n>
eine kalte Speise aus Fleisch oder Fisch; ganze Tiere (z. B. Huhn) oder Teile von größeren Tieren (z. B. die Schulter eines Schweines) werden ohne Knochen auf eine spezielle Art zubereitet; danach gießt man warmes **Gelee** (Chaudfroidsauce) darüber
08.012

die **Pastete**
Pas·te·te <-n>
hier: eine kalte oder warme Speise; außen ist **Teig**, innen Fleisch, Fisch oder Gemüse
08.013

die **Sülze**
Sül·ze <-n>
eine kalte Speise; Fleisch, Fisch oder Gemüse wird noch warm mit flüssigem **Gelee** übergossen und dann kalt gestellt
08.014

die **Terrine**
Ter·ri·ne <-n>
hier: eine Speise aus Fleisch, Fisch oder Gemüse, in einer bestimmten Form zubereitet; wird in Scheiben geschnitten und kalt gegessen
08.015

schmelzen

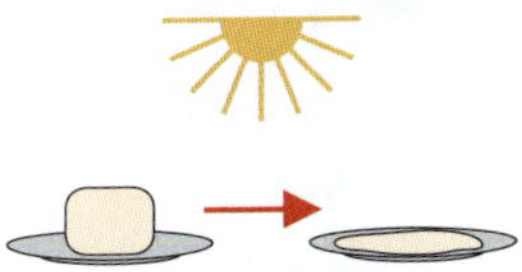

schmelzen 1
schmel·zen
<schmilzt, schmolz, ist geschmolzen>
etwas wird durch Wärme flüssig, z. B. Butter, Käse
08.016

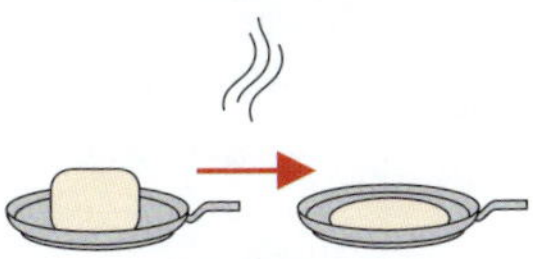

schmelzen 2
schmel·zen
<schmelzt, schmolz, hat geschmolzen>
etwas durch Wärme flüssig machen
08.016

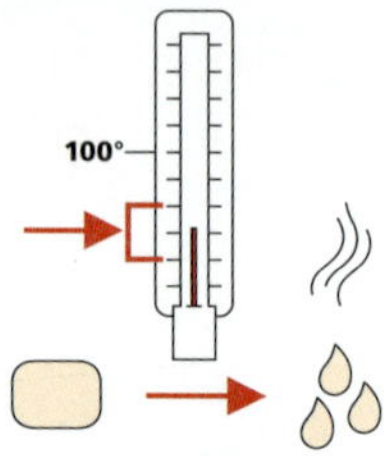

der **Schmelzbereich**
Schmelz·be·reich <-e>
hier: der Temperaturbereich, in dem bestimmte Fette flüssig werden
08.017

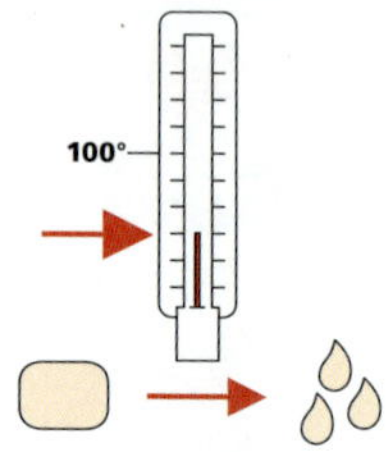

der **Schmelzpunkt**
Schmelz·punkt <-e>
die exakte Temperatur, bei der ein fester Stoff flüssig wird
08.018

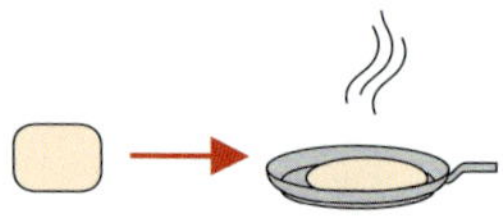

zerlassen
zer·las·sen
<zerlässt, zerließ, hat zerlassen>
festes Fett durch Wärme flüssig werden lassen (**schmelzen**), z. B. Butter
08.019

zerlaufene Butter
zer·lau·fe·ne But·ter
flüssige, noch warme Butter
auch zerlassene Butter
08.020

mischen

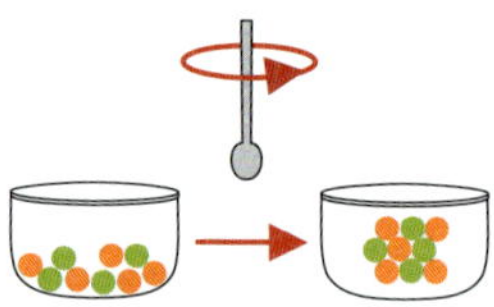

abrühren
ab·rüh·ren
<rührt ab, rührte ab, hat abgerührt>
unterschiedliche Zutaten mischen und rühren, bis die Mischung dick und fest ist und sich insgesamt von Topf und Löffel löst
08.021

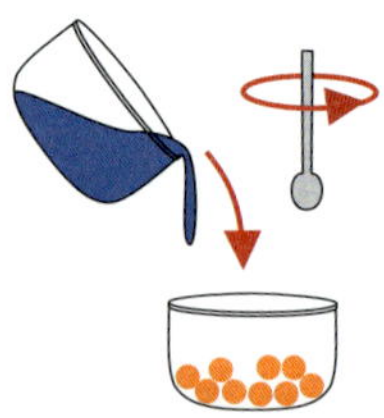

einlaufen lassen
ein·lau·fen las·sen
eine Flüssigkeit oder eine trocken fließende Menge, wie Zucker oder Mehl, in eine andere Menge hineingeben und beide Mengen mischen
08.022

einschwenken
ein·schwen·ken
<schwenkt ein, schwenkte ein, hat eingeschwenkt>
etwas in einer Pfanne mit Fett mischen, indem man die Pfanne vorsichtig hin und her bewegt, z. B. Gemüse mit Butter
08.023

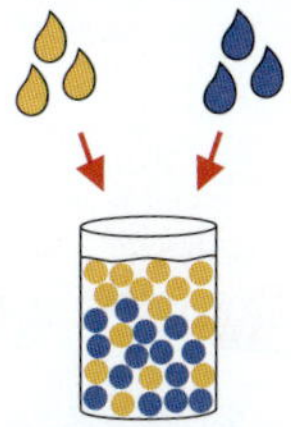

emulgieren
emul·gie·ren
<emulgiert, emulgierte, hat emulgiert>
Fett und Flüssigkeit miteinander verbinden, z. B. Wasser und Öl
08.024

die Farce
Far·ce <-n>
eine Mischung aus sehr fein geschnittenem Fleisch, Fisch oder Gemüse mit Gewürzen und Ei
08.025

montieren 1
mon·tie·ren
<montiert, montierte, hat montiert>
hier: Fett und Flüssigkeit mischen (**emulgieren**), z. B. kalte Butter in Suppe; macht den Geschmack fein
08.026

montieren 2
mon·tie·ren
<montiert, montierte, hat montiert>
hier: **Eiklar** zu festem **Eischnee** schlagen
auch aufmontieren
08.026

die Roux
Roux <->
eine gerührte Mischung aus heißem Fett und Mehl; wird zum Binden von Saucen und Suppen verwendet
auch Einbrenne, Mehlschwitze, Schwitzmehl
08.027

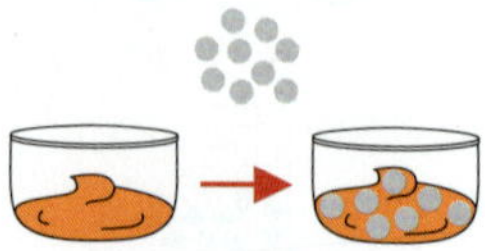

untermengen

un·ter·men·gen

<mengt unter, mengte unter, hat untergemengt>

etwas in eine fast fertige Speise geben;
z. B. Schokoladenstückchen in Pudding

08.028

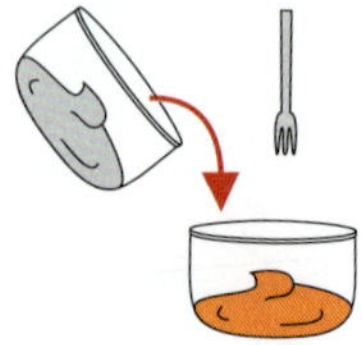

unterziehen

un·ter·zie·hen

<zieht unter, zog unter, hat untergezogen>

eine weiche Menge vorsichtig mit
einer anderen weichen Menge mischen;
z. B. geschlagene Sahne mit **Püree**

08.029

Pfanne und Ofen

anbraten

an·bra·ten

<brät an, briet an, hat angebraten>

Lebensmittel bei starker Hitze kurz braten

auch anbräunen

08.030

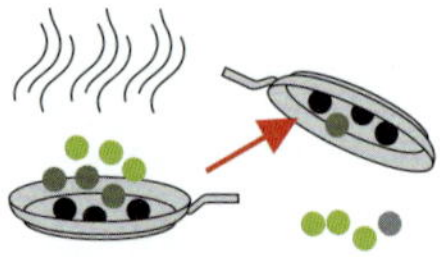

anbrennen

an·bren·nen

<brennt an, brannte an, ist angebrannt>

Lebensmittel kleben bei zu großer Hitze und zu wenig Fett oder Flüssigkeit an Pfanne oder Topf fest und werden an der unteren Seite dunkel bis schwarz

08.031

anziehen lassen

an·zie·hen las·sen

hier: Gemüse, Zwiebeln oder Mehl in Fett leicht erhitzen; die Farbe verändert sich nicht

auch anschwitzen

08.032

ausbraten

aus·bra·ten

<brät aus, briet aus, hat ausgebraten>

fettes Fleisch in einer Pfanne langsam so braten, dass das Fett flüssig und das Fleisch **knusprig** wird, z. B. Speck

auch auslassen

08.033

entspannen lassen

ent·span·nen las·sen

Fleisch nach dem Braten für eine bestimmte Zeit (ruhig und warm) liegen lassen, bevor es geschnitten wird

08.034

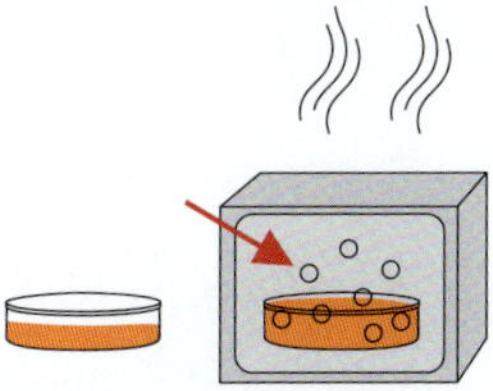

das Kohlendioxid

Koh·len·di·oxid *kein Plural*

ein Gas, das beim Backen entsteht; sorgt dafür, dass **Teig** locker wird

08.035

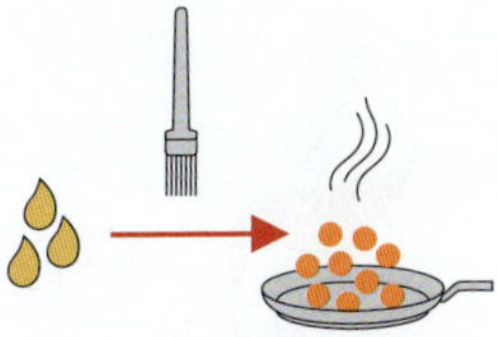

pinseln

pin·seln

<pinselt, pinselte, hat gepinselt>

hier: mit einem speziellen Küchengerät (Pinsel) meist flüssiges Fett vor und während des Bratens auf einer Speise verteilen

auch bepinseln, überpinseln

08.036

schwenken

schwen·ken

<schwenkt, schwenkte, hat geschwenkt>

etwas vorsichtig hin und her und gleichzeitig auf- und abbewegen; z. B. eine Pfanne mit Kartoffeln und Butter

08.037

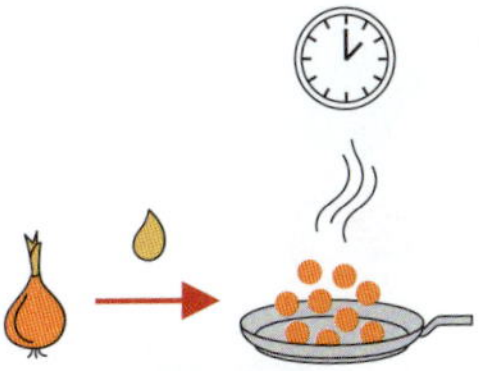

schwitzen 1

schwit·zen

<schwitzt, schwitzte, hat geschwitzt>

hier: Gemüse mit wenig Fett bei geringer Hitze langsam warm werden lassen

08.038

schwitzen 2

schwit·zen

<schwitzt, schwitzte, hat geschwitzt>

hier: Mehl und Fett in der Pfanne zu einer **Roux** mischen

08.038

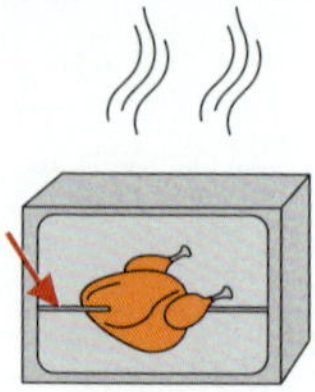

der **Spieß**
Spieß <-e>
hier: ein langes Teil aus Metall, auf dem Fleisch im Ofen beim Braten gedreht wird
08.039

verkohlen
ver·koh·len
<verkohlt, verkohlte, hat verkohlt>
etwas durch zu große Hitze schwarz wie Kohle werden lassen
08.040

Sauce

der **Klumpen**
Klum·pen <->
hier: kleine Stücke, die zusammenkleben, oft durch zu viel Mehl in einer Flüssigkeit, z. B. in Sauce
08.041

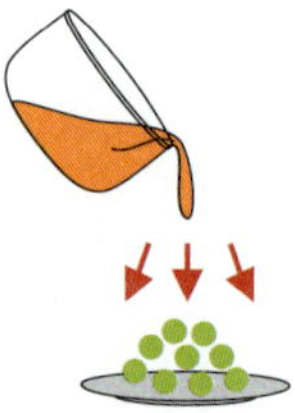

nappieren
nap·pie·ren
<nappiert, nappierte, hat nappiert>
Sauce oder **Gelee** gleichmäßig auf der ganzen Speise verteilen
08.042

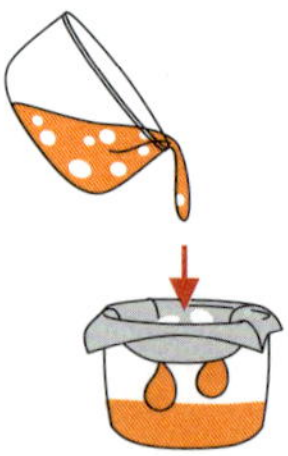

passieren
pas·sie·ren <passiert, passierte, hat passiert>
hier: Suppen, Saucen oder andere Flüssigkeiten durch ein sehr feines **Sieb** oder ein Tuch (Passiertuch) drücken, damit keine festen Stoffe in der Flüssigkeit bleiben
08.043

der **Saucenspiegel**
Sau·cen·spie·gel <->
Sauce als dünne Fläche auf einem Teller; die Speise liegt darauf
08.044

der **Schaum**

Schaum <Schäume>
hier: viele sehr kleine **Blasen**
(Bläschen) aus Luft in Flüssigkeit;
entsteht z. B. beim Kochen von Suppen
08.045

die Blase

Bla·se <-n>
hier: kleine Mengen Luft in
einer Flüssigkeit oder einer festen
Menge, z. B. Wasser oder **Teig**
08.046

schäumen

schäu·men <schäumt, schäumte, hat geschäumt>
sehr kleine **Blasen** (Bläschen) bilden
sich in oder auf einer Flüssigkeit
auch aufschäumen
08.047

trennen

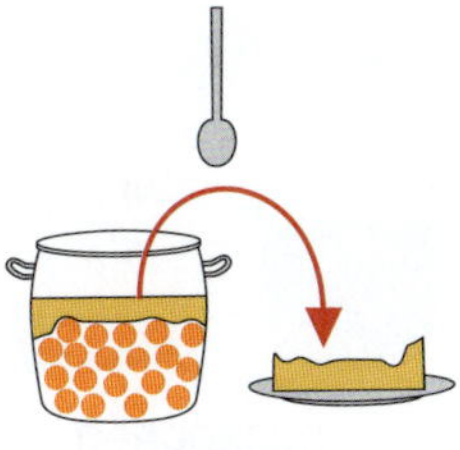

abfetten

ab·fet·ten <fettet ab, fettete ab, hat abgefettet>
das Fett von Speisen entfernen, z. B.
mit einem Löffel oder speziellem Papier
auch degraissieren
08.048

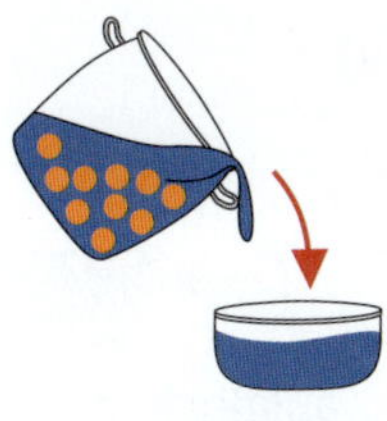

abgießen

ab·gie·ßen <gießt ab, goss ab, hat abgegossen>
eine Flüssigkeit oder einen Teil einer Flüssigkeit, der zu viel ist, aus einem Gefäß entfernen,
z. B. Kartoffelwasser aus einem Topf
08.049

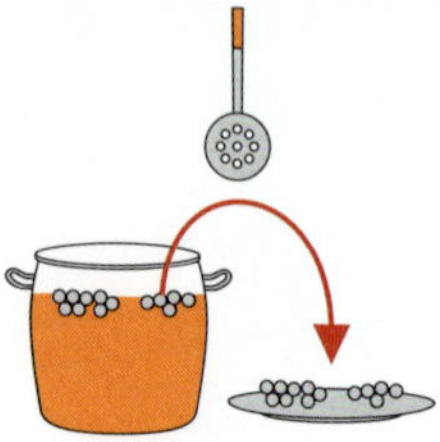

abschöpfen

ab·schöp·fen
<schöpft ab, schöpfte ab, hat abgeschöpft>
etwas von der Oberfläche einer Flüssigkeit nehmen; z. B. **Schaum** von Suppe
08.050

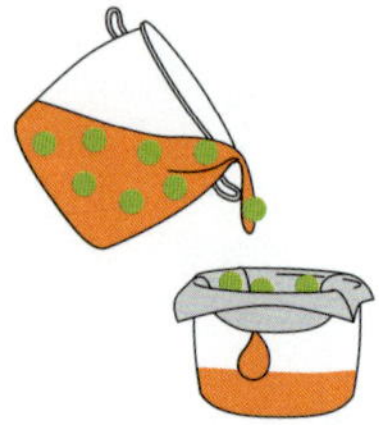

abseihen 1

ab·sei·hen <seiht ab, seihte ab, hat abgeseiht>
Flüssigkeit durch ein **Sieb** oder ein Tuch gießen, damit kleine feste Teile (Reste von Gemüse oder Gewürze) im **Sieb**/Tuch bleiben
08.051

abseihen 2

ab·sei·hen <seiht ab, seihte ab, hat abgeseiht>
Gekochtes in ein **Sieb** geben, damit das Wasser verschwindet, z. B. Gemüse
08.051

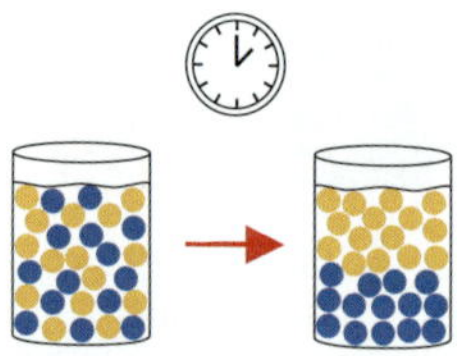

das Absetzen von Flüssigkeit

Ab·set·zen von Flüs·sig·keit
das geschieht z. B., wenn eine Mischung aus Wasser und Öl für eine längere Zeit steht; das Wasser bleibt unten, das Öl steigt nach oben
08.052

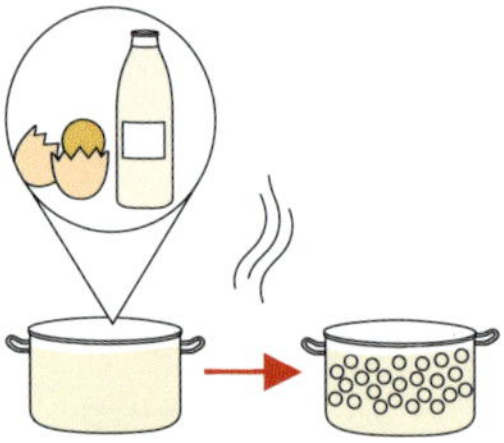

ausflocken

aus·flo·cken
<flockt aus, flockte aus, hat ausgeflockt>
Eigelb oder Milch **gerinnen** z. B. durch Wärme, und es entstehen viele kleine Teilchen (Flocken) in der Flüssigkeit
08.053

auskochen

aus·ko·chen
<kocht aus, kochte aus, hat ausgekocht>
Fleisch, Knochen oder Gemüse so lange kochen, bis der Geschmack in der Flüssigkeit (**Brühe**) ist
08.054

der **Auslaugverlust**
Aus·laug·ver·lust <-e>
der Verlust von Vitaminen und anderen wichtigen Stoffen durch Hitze, Kochzeit und Licht
08.055

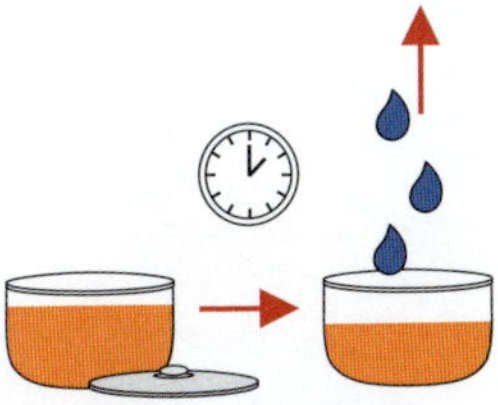

eintrocknen
ein·trock·nen
<trocknet ein, trocknete ein, ist eingetrocknet>
hier: Speisen werden trocken, hart und weniger, wenn sie zu lange ohne Deckel an der Luft stehen und Flüssigkeit verlieren
08.056

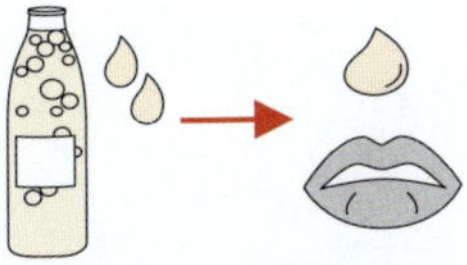

gerinnen
ge·rin·nen <gerinnt, gerann, ist geronnen>
in Flüssigkeiten entstehen kleine feste Teile (**Klumpen**, Flocken), dadurch wird die Flüssigkeit dicker und verändert den Geschmack, z. B. Milch
08.057

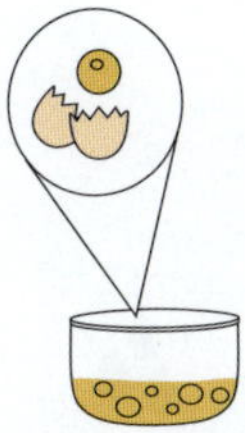

das **Gerinnsel**
Ge·rinn·sel <->
hier: kleines festes Teil (**Klumpen**, Flocke) eines flüssigen Stoffes, z. B. in rohem Eigelb
08.058

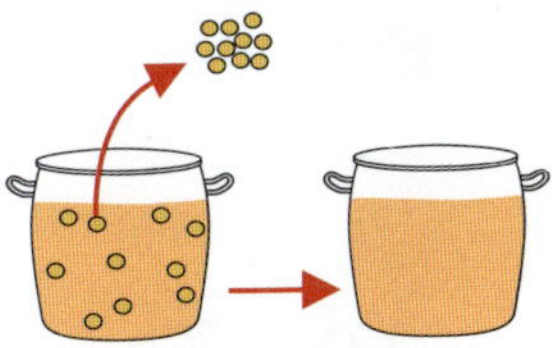

klären 1
klä·ren <klärt, klärte, hat geklärt>
hier: kleine feste Teile oder Reste (**Trübstoffe**) aus einer Suppe entfernen, damit die Flüssigkeit klar wird
08.059

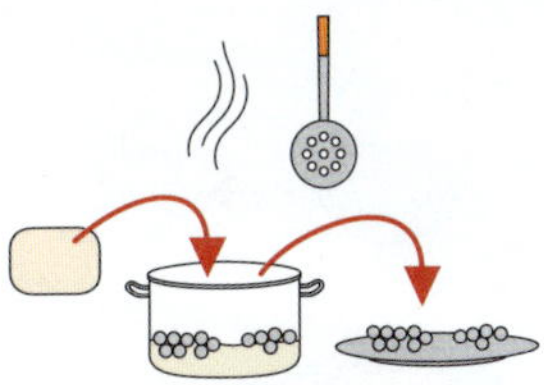

klären 2
klä·ren <klärt, klärte, hat geklärt>
hier: Butter in einem Topf langsam flüssig werden lassen (**schmelzen**) und den **Schaum** entfernen, der dabei entsteht
08.059

das **Schwebeteilchen**
Schwe·be·teil·chen <->
hier: sehr kleines, oft nicht sichtbares, Teilchen von Lebensmitteln (Pflanze oder Tier) in Flüssigkeit oder Luft; gerät beim Kochen oder Braten auf und in Speisen
08.060

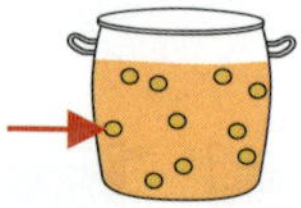

der **Trübstoff**
Trüb·stoff <-e>
kleine feste Teile oder Reste, die nicht in eine klare Suppe gehören, z. B. von Gemüse oder Fleisch
08.061

Veränderung

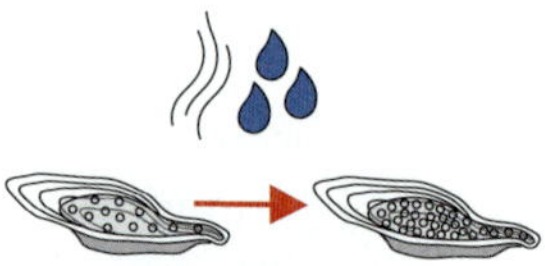

absteifen 1
ab·stei·fen
<steift ab, steifte ab, hat abgesteift>
weiche Lebensmittel, die viel **Eiweiß/Protein** enthalten, durch Wärme (heißes Wasser) fest werden (**gerinnen**) lassen, ohne dass sich die Farbe verändert, z. B. Austern
08.062

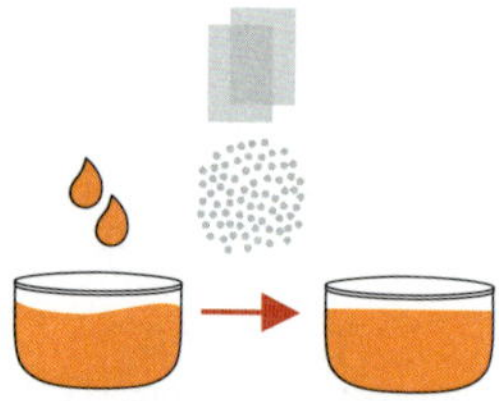

absteifen 2
ab·stei·fen
<steift ab, steifte ab, hat abgesteift>
eine Creme durch Hinzugeben von **Gelatine** fest werden lassen
08.062

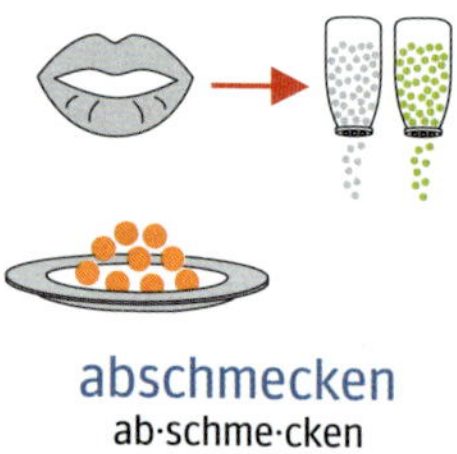

abschmecken
ab·schme·cken
<schmeckt ab, schmeckte ab, hat abgeschmeckt>
probieren, ob eine Speise genug Gewürz enthält und eventuell mehr hinzufügen
08.063

beträufeln
be·träu·feln
<beträufelt, beträufelte, hat beträufelt>
wenige Tropfen einer Flüssigkeit auf etwas geben, z. B. Öl oder Zitrone auf gebratenen Fisch
08.064

enzymatische Bräunung

en·zy·ma·ti·sche Bräu·nung

das Braunwerden einer Fläche ohne Hinzufügen von Farbe; geschieht, wenn geschältes oder geschnittenes Obst oder Gemüse länger liegt und dunkel wird, z. B. Apfel

08.065

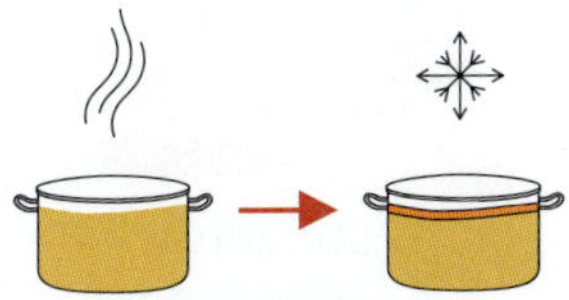

die Hautbildung

Haut·bil·dung <-en>

hier: das Entstehen einer dünnen Schicht auf einer Speise, während sie kalt oder trocken wird

08.066

irreversibel

ir·re·ver·si·bel

so ist ein Schaden oder ein Zustand, der nicht mehr geändert werden kann, z. B. eine **verkohlte** Speise

08.067

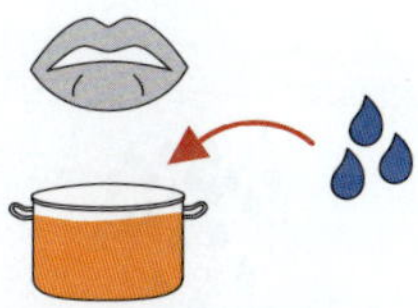

kompensieren

kom·pen·sie·ren

<kompensiert, kompensierte, hat kompensiert>

hier: einen nicht gewünschten Zustand oder Geschmack durch Hinzufügen von anderen Stoffen ändern, z. B. Wasser in eine zu dicke Sauce, Kartoffel in eine zu salzige Suppe

08.068

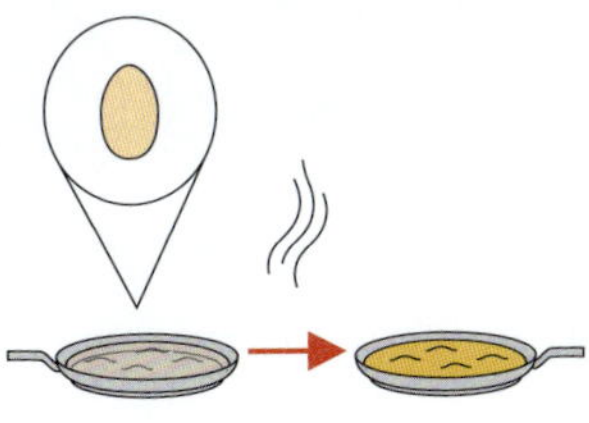

stocken

sto·cken

<stockt, stockte, ist gestockt>

hier: Eier werden durch Wärme in der Pfanne, im Topf oder im Wasserbad fest

08.069

stürzen
stür·zen
<stürzt, stürzte, hat gestürzt>
hier: eine Form umdrehen, damit der Inhalt sich als Ganzes löst, z. B. Creme oder Gebäck
08.070

sich verfärben
sich ver·fär·ben
<verfärbt sich, verfärbte sich, hat sich verfärbt>
eine andere Farbe bekommen
08.071

Wärme und Hitze

der **Dampf**
Dampf <Dämpfe>
kleinste Wassertropfen in der Luft; entstehen durch große Hitze aus Flüssigkeit
08.072

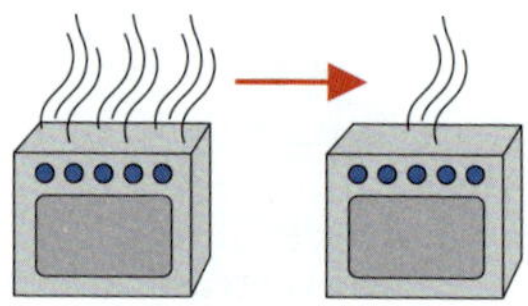

drosseln
dros·seln
<drosselt, drosselte, hat gedrosselt>
hier: die Wärme des Herdes oder Ofens reduzieren
08.073

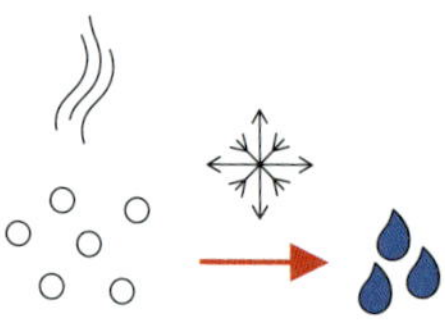

die **Kondensation**
Kon·den·sa·ti·on <-en>
das geschieht, wenn Gase zu Flüssigkeit werden; passiert meist durch Sinken der Temperatur oder Druck
08.074

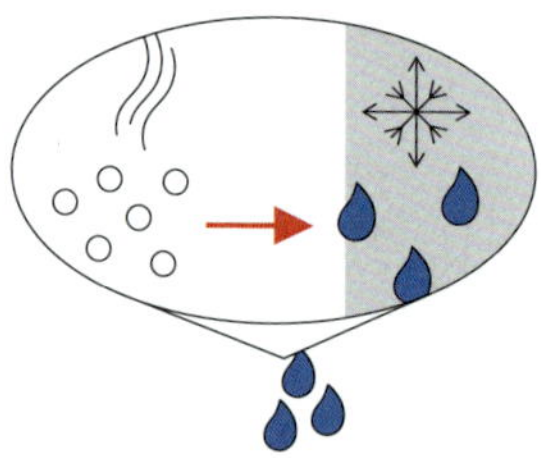

das **Kondenswasser**
Kon·dens·was·ser *kein Plural*
Wasser, das aus **Dampf** entsteht, der auf eine kalte Fläche kommt
08.075

Wasser und Flüssigkeit

aufgießen

auf·gie·ßen
<gießt auf, goss auf, hat aufgegossen>
hier: Flüssigkeit zu einer Speise oder einem Lebensmittel geben
08.076

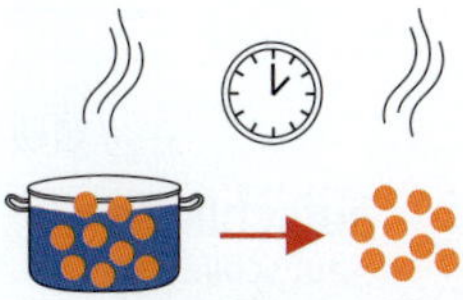

blanchieren

blan·chie·ren
<blanchiert, blanchierte, hat blanchiert>
Lebensmittel kurz in oder mit kochendem Wasser heiß machen
auch brühen
08.077

schöpfen

schöp·fen
<schöpft, schöpfte, hat geschöpft>
eine kleinere Menge Flüssigkeit mit einem Löffel oder **Gefäß** aus einer größeren Menge dieser Flüssigkeit holen; z. B. Suppe mit einer **Kelle**
08.078

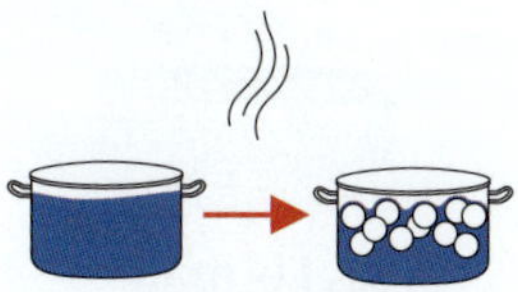

sprudeln

spru·deln
<sprudelt, sprudelte, hat gesprudelt>
hier: eine Flüssigkeit bildet durch Hitze **Blasen**; z. B. kochendes Wasser
08.079

verdunsten

ver·duns·ten
<verdunstet, verdunstete, ist verdunstet>
eine Flüssigkeit wird weniger und zu Gas; z. B. Wasser zu **Dampf**
08.080

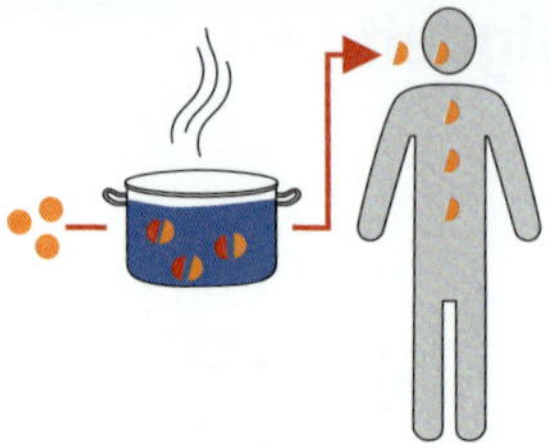

aufschließen

auf·schlie·ßen
<schließt auf, schloss auf, hat aufgeschlossen>
Stoffe, die der Körper roh nicht nutzen kann, werden durch Kochen und Braten verändert, so dass sie nützlich sind, z. B. Stärke in Kartoffeln
09.001

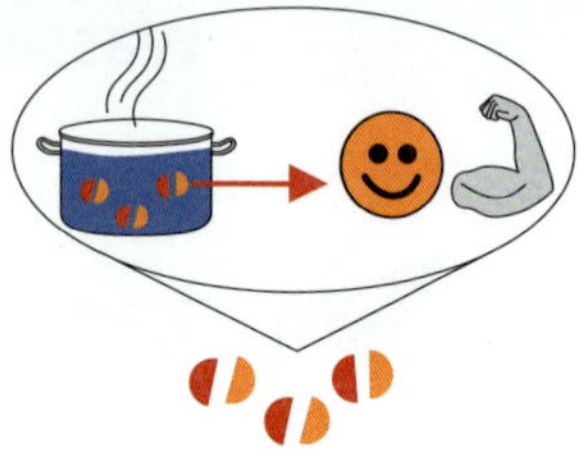

voll aufgeschlossen

voll auf·ge·schlos·sen
so sind Stoffe in Lebensmitteln, die vom Körper genutzt werden können, weil sie vorher durch Hitze verändert wurden
09.002

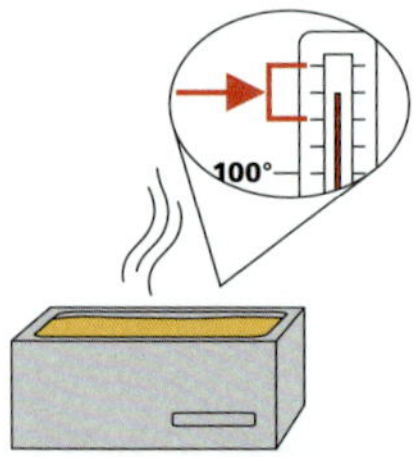

das Fettbad

Fett·bad <Fettbäder>
eine große Menge von flüssigem Fett mit einer Temperatur von bis zu 180°C zum Frittieren von Lebensmitteln
auch Frittüre
09.003

garen

ga·ren
<gart, garte, hat gegart>
ein rohes Lebensmittel kochen, **backen** oder braten
09.004

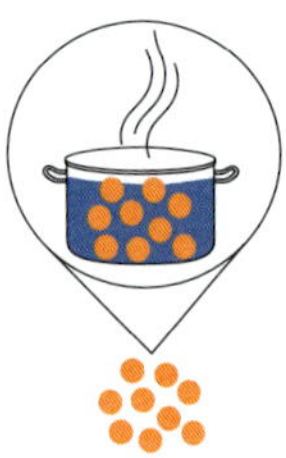

das Gargut

Gar·gut <Gargüter>
alle Lebensmittel, die **gegart** werden sollen oder gerade gar werden
09.005

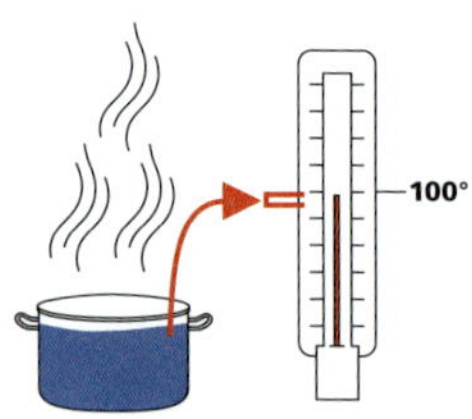

sieden

sie·den
<siedet, siedete, hat gesiedet>
hier: eine Flüssigkeit stark erhitzen, aber nicht kochen
09.006

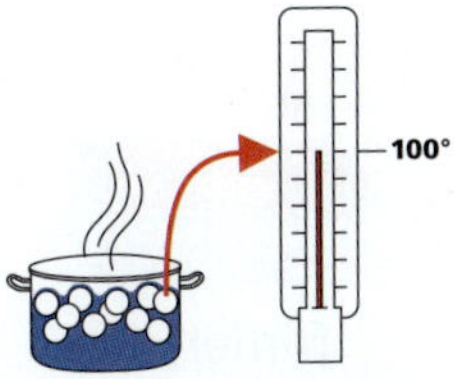

der **Siedepunkt**
Sie·de·punkt <-e>
die Temperatur, bei der eine Flüssigkeit beginnt zu kochen; z. B. Wasser bei 100 Grad
auch Kochpunkt
09.007

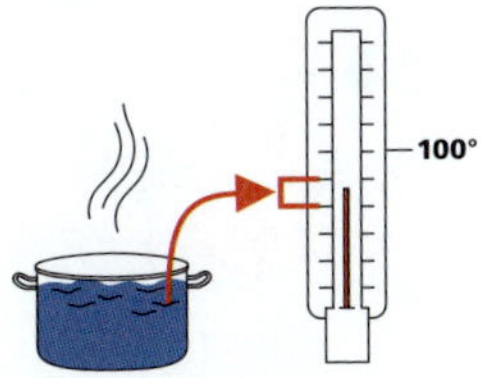

wallen
wal·len
<wallt, wallte, hat gewallt>
kurz vor dem Kochen wird die Oberfläche einer Flüssigkeit durch Hitze stark bewegt
auch aufwallen
09.008

die **Garmethode**
Gar·me·tho·de <-n>
die Methode, durch die Lebensmittel zu einer Speise **gegart** werden, z. B. Kochen, **Backen**, Braten
auch Garverfahren
09.009

blausieden
blau·sie·den
<siedet blau, sott blau, hat blaugesotten>
Fisch in Flüssigkeit **garen**; die Haut des Fisches wird dadurch blau
auch blaukochen
09.010

dämpfen
dämp·fen
<dämpft, dämpfte, hat gedämpft>
hier: ein Lebensmittel über heißem Wasser in einem geschlossenen Topf **garen**; meist liegt es dabei in einem **Sieb**
09.011

dünsten

düns·ten

<dünstet, dünstete, hat gedünstet>

Lebensmittel mit wenig Fett
oder Wasser **garen**

09.012

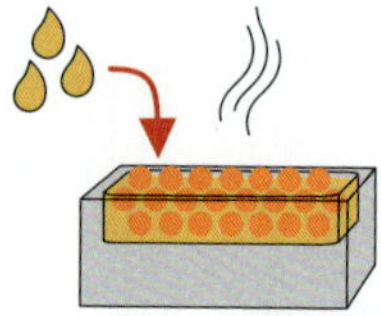

frittieren

frit·tie·ren

<frittiert, frittierte, hat frittiert>

Lebensmittel in viel heißem Fett
oder Öl schwimmend **garen**

09.013

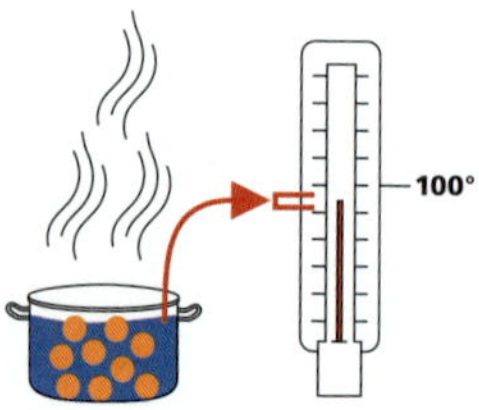

köcheln

kö·cheln

<köchelt, köchelte, hat geköchelt>

ein Lebensmittel wird bei hoher Temperatur
gegart, aber nicht zum Kochen gebracht

09.014

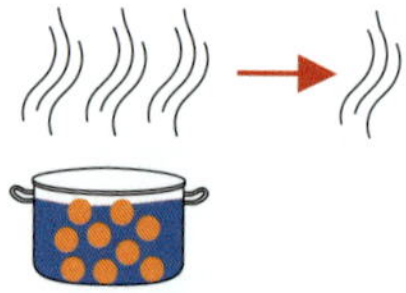

pochieren

po·chie·ren

<pochiert, pochierte, hat pochiert>

ein Lebensmittel in Flüssigkeit
(meist Wasser mit Salz oder Essig)
erst stark erhitzen, ohne zu kochen,
und dann mit weniger Hitze weiter **garen**

auch garziehen

09.015

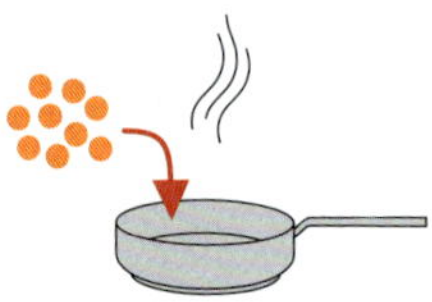

sautieren

sau·tie·ren

<sautiert, sautierte, hat sautiert>

kleine Lebensmittelstücke in einer
speziellen Pfanne (**Sauteuse**) braten

09.016

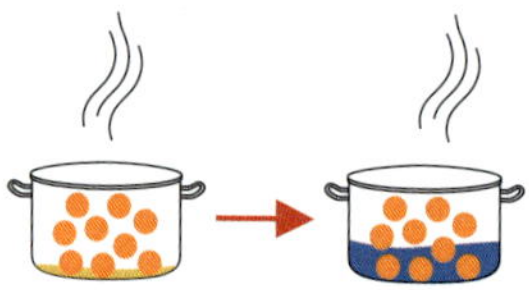

schmoren

schmo·ren

<schmort, schmorte, hat geschmort>

Lebensmittel in zwei Stufen **garen**;
erst wird kurz gebraten, dann
wird Flüssigkeit dazugegeben

09.017

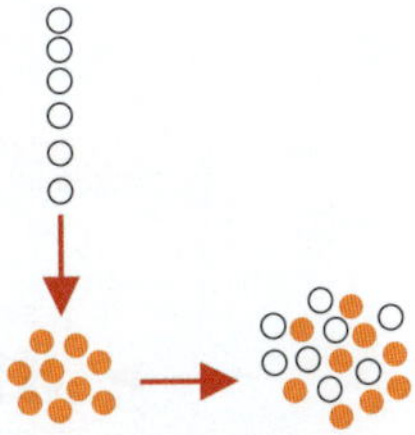

begasen

be·ga·sen

<begast, begaste, hat begast>

ein Lebensmittel und dessen Farbe mit Gas oder Gasgemisch haltbar machen

10.001

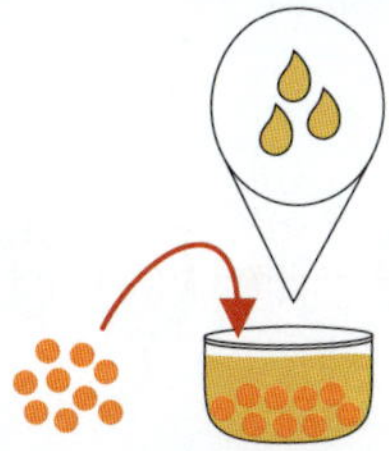

einlegen

ein·le·gen

<legt ein, legte ein, hat eingelegt>

hier: ein Lebensmittel so in Öl oder Salzwasser legen, dass es keinen Kontakt mit Luft hat und es dadurch haltbar machen

10.002

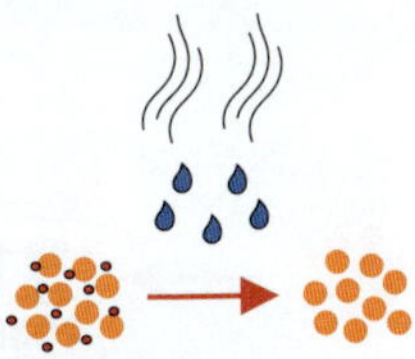

entkeimen

ent·kei·men

<entkeimt, entkeimte, hat entkeimt>

hier: Lebensmittel mit sehr heißem Dampf behandeln, damit z. B. **Bakterien** getötet werden

10.003

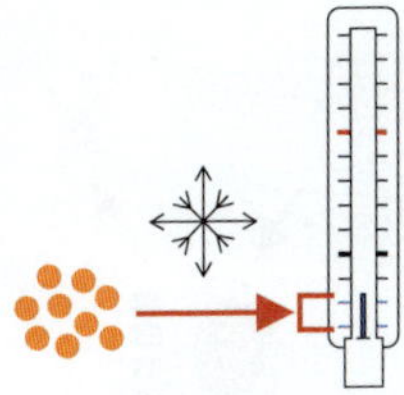

frosten

fros·ten

<frostet, frostete, hat gefrostet>

Lebensmittel bei mindestens -18°C **konservieren**, um sie länger haltbar zu machen

auch einfrieren, tiefgefrieren, tiefkühlen

10.004

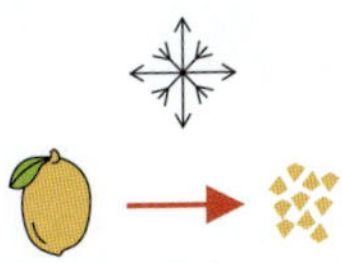

gefriertrocknen

ge·frier·trock·nen

<hat gefriergetrocknet>

ein Lebensmittel in einem speziellen Gerät erst **frosten**; danach entfernt das Gerät das Wasser aus dem Lebensmittel, damit es länger haltbar ist; z. B. aus Obst für Müslimischung

10.005

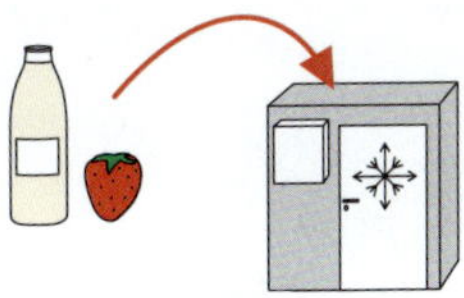

kühlen

küh·len

<kühlt, kühlte, hat gekühlt>

hier: Lebensmittel in einen Kühlschrank oder speziellen Raum mit 0 bis 14°C legen

10.006

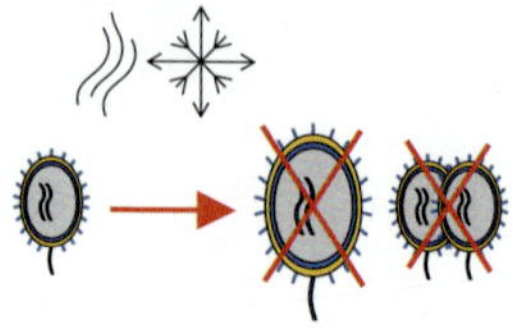

hemmen

hem·men

<hemmt, hemmte, hat gehemmt>

hier: durch eine bestimmte Methode verhindern, dass **Bakterien** wachsen und mehr werden, z. B. durch Hitze oder Kälte

▶ 10.007

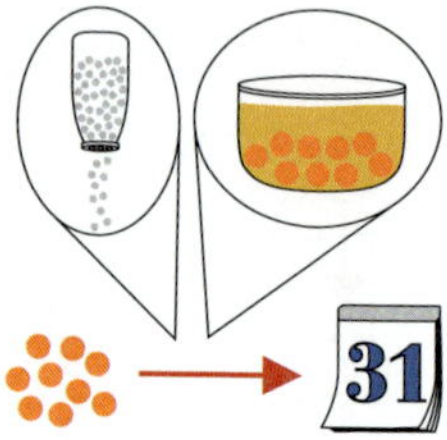

der Hürdeneffekt

Hür·den·ef·fekt <-e>

die gemeinsame Wirkung mehrerer Vorgänge, um Lebensmittel haltbar zu machen; z. B. salzen und **einlegen**

▶ 10.008

kandieren

kan·die·ren

<kandiert, kandierte, hat kandiert>

den Wasseranteil von frischen Pflanzen, meist Obst, durch sehr viel Zucker ersetzen, um die Farbe zu erhalten und den Geschmack intensiver zu machen

▶ 10.009

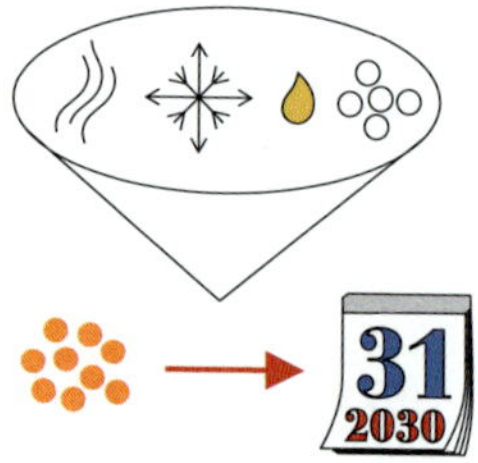

konservieren

kon·ser·vie·ren

<konserviert, konservierte, hat konserviert>

hier: ein Lebensmittel z. B. durch Hitze oder Kälte so behandeln, dass es länger haltbar ist

▶ 10.010

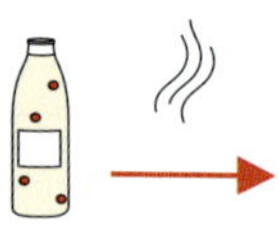

pasteurisieren

pas·teu·ri·sie·ren

<pasteurisiert, pasteurisierte, hat pasteurisiert>

Krankheitserreger in bestimmten Lebensmitteln durch milde Hitze töten, damit die Qualität der Produkte erhalten bleibt; z. B. frische Milch

▶ 10.011

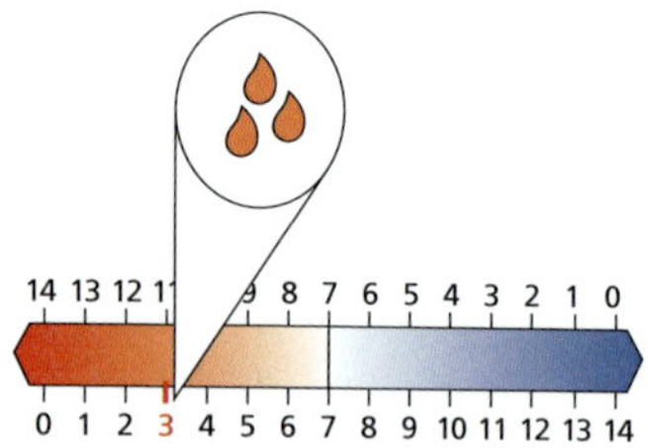

der pH-Wert

pH-Wert <-e>

eine Zahl, die einen chemischen Wert von Flüssigkeiten angibt

▶ 10.012

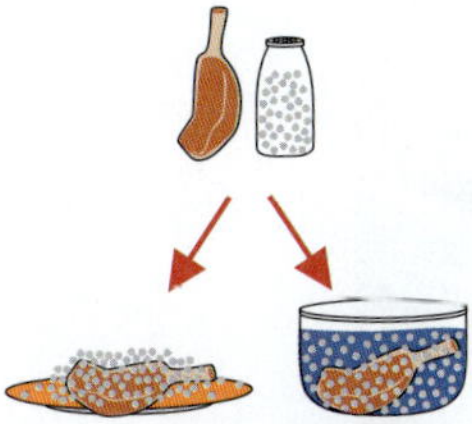

pökeln

pö·keln

<pökelt, pökelte, hat gepökelt>

Fleisch, Fisch oder Wurst mit oder ohne Flüssigkeit in eine spezielle Mischung von Salzen legen und so haltbar machen

10.013

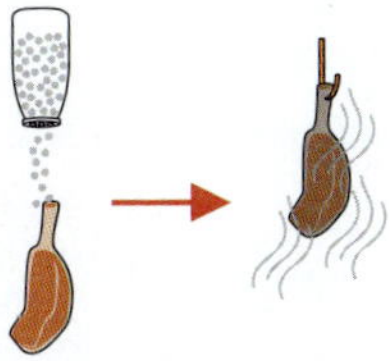

räuchern

räu·chern

<räuchert, räucherte, hat geräuchert>

gepökelte oder gesalzene Lebensmittel für längere Zeit in einen speziellen Ofen hängen, sodass der Rauch von Holz und eventuell einem speziellen Mehl gleichmäßig wirkt; das Lebensmittel wird dadurch haltbar gemacht und bekommt einen speziellen Geschmack

10.014

säuern

säu·ern

<säuert, säuerte, hat gesäuert>

Lebensmittel mit einer sauren Flüssigkeit länger haltbar machen, z. B. Fisch mit Zitronensaft

10.015

sterilisieren

ste·ri·li·sie·ren

<sterilisiert, sterilisierte, hat sterilisiert>

hier: **Krankheitserreger** in Lebensmitteln durch starke Hitze töten, z. B. in haltbarer Milch

10.016

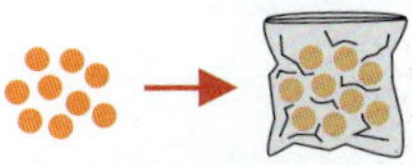

vakuumieren

va·ku·u·mie·ren

<vakuumiert, vakuumierte, hat vakuumiert>

ein Lebensmittel in eine Tüte legen und mit einem **Vakuumiergerät** die Luft aus der Tüte entfernen und dann die Tüte dicht schließen

10.017

zuckern

zu·ckern

<zuckert, zuckerte, hat gezuckert>

hier: ein Lebensmittel mit sehr viel Zucker mischen (heiß oder kalt) und haltbar machen, z. B. Marmelade

10.018

die **Variation**

Va·ri·a·ti·on <-en>

hier: eine von mehreren Möglichkeiten, wie eine Speise oder ein Lebensmittel hergestellt oder präsentiert werden kann, z. B. eine Süßspeise mit Eis und/oder Sauce

11.001

die Ableitung

Ab·lei·tung <-en>

hier: eine **Variation** von einer Sauce durch Zutaten, damit sie einen typischen Geschmack bekommt, z. B. eine helle Sauce mit Kräutern

11.002

ablöschen

ab·lö·schen

<löscht ab, löschte ab, hat abgelöscht>

hier: eine kalte Flüssigkeit zum **Bratensatz** hinzugeben (z. B. Wasser oder Wein) und kochen, sodass die Grundlage für eine Sauce entsteht

auch deglacieren

11.003

aufgeschlagene Sauce

auf·ge·schla·ge·ne Sau·ce

eine Sauce, die aus eigenen Zutaten getrennt von der Speise hergestellt wird, z. B. Sauce Hollandaise

11.004

der Bratensatz

Bra·ten·satz <Bratensätze>

feste Teile, die am Boden von Pfanne oder Topf kleben, wenn Fleisch, Gemüse usw. **angebraten** werden

11.005

die **Demiglace**
De·mi·glace <-s>
eine dunkle Sauce, die als Grundlage für andere Saucen verwendet wird
auch braune Sauce, Kraftsauce
11.006

der **Fond**
Fond <-s>
die Flüssigkeit, die nach dem Kochen oder **Dünsten** von Lebensmitteln übrig bleibt; hat den Geschmack dieser Lebensmittel, z. B. Gemüse, Fleisch, **Geflügel**
11.007

der **Fumet**
Fu·met <-s>
die Flüssigkeit, die nach dem Kochen oder **Dünsten** von Fisch und Fischteilen übrig bleibt; wird als Grundlage für Fischsuppe und Sauce verwendet
11.008

die **Garnitur**
Gar·ni·tur <-en>
hier: Obst oder Gemüse, mit dem Speisen dekoriert werden, z. B. Tomate
11.009

der **Jus**
Jus <->
eine intensiv schmeckende Flüssigkeit, die beim Braten von Fleisch und **Geflügel** übrig bleibt; ist meist Grundlage für Saucen
auch Bratensauce
11.010

die **Velouté**
Ve·lou·té <-s>
eine helle Sauce, die als Grundlage für andere Saucen und zum **Binden** von Suppen verwendet wird
auch weiße Sauce
11.011

Variationen von Fleisch

das Blankett
Blan·kett <-s>
kleine Stücke von hellem Fleisch in weißer Sauce, z. B. Kalbfleisch oder Huhn
auch Frikassee, Hühnerfrikassee
11.012

das Brät
Brät *kein Plural*
mageres Hackfleisch von Kalb oder Schwein, wird zum Herstellen von **Farce** und Bratwurst verwendet
11.013

die Mousse
Mousse <-s>
hier: eine kalte Vorspeise; sehr feines **Püree** z. B. von **Geflügel** oder Kalbfleisch
11.014

das Ragout
Ra·gout <-s>
kleine Stücke von **gegartem** Fisch oder **geschmortem** Fleisch in Sauce, z. B. Rindfleisch
11.015

die Roulade
Rou·la·de <-n>
hier: ein dünn geschnittenes Stück (Scheibe) Fleisch, gefüllt und gerollt; wird in einer Sauce zubereitet
11.016

das Tatar
Ta·tar <-(s)>
feines Hackfleisch vom Rind mit Ei, Zwiebeln und anderen Zutaten gemischt, wird roh gegessen
11.017

Ausgebackenes und Gebackenes

der **Ausbackteig**
Aus·back·teig <-e>
ein dünner, flüssiger **Teig**; Lebensmittel werden hineingetaucht und dann in Fett schwimmend **gebacken** (ausgebacken)
auch Backteig, Pâte à frire
11.018

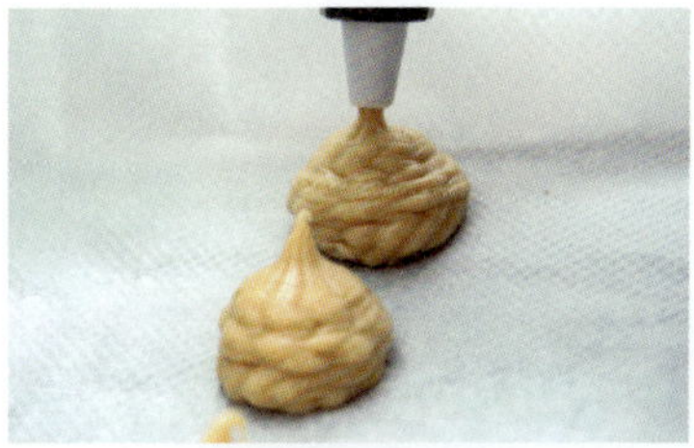

die **Brandmasse**
Brand·mas·se <-n>
ein spezieller **Teig** für süßes oder salziges Gebäck; wird meist auf das Backblech gespritzt
auch Brandteig, Brühmasse
11.019

der **Butterbrösel**
But·ter·brö·sel <->
Brot**krümel**, leicht in Butter gebraten; werden auf süße oder salzige Speisen gegeben, z. B. auf Blumenkohl
11.020

die **Krume**
Kru·me <-n>
hier: das weiche Innere von Gebäck, z. B. von Brot, Brötchen
11.021

der **Krümel**
Krü·mel <->
ein kleines oder sehr kleines Stück von einem Ganzen; z. B. von Gebäck
11.022

die **Kruste**
Krus·te <-n>
die fest gebackene Oberfläche und der Rand von Gebäck (Backkruste) oder Braten (Bratenkruste)
11.023

Nachspeise

der **Eischnee**
Ei·schnee *kein Plural*
Eiklar (**Eiweiß**), das zu einer halbfesten Masse geschlagen wurde
auch Eiweißschnee, steifer Schnee
11.024

das **Kompott**
Kom·pott <-e>
gekochtes Obst in süßer Flüssigkeit; die Stücke der Früchte dürfen nicht zu klein sein
11.025

die **Mousse au Chocolat**
Mousse au Cho·co·lat <Mousses au Chocolat>
eine **locker-luftige** Nachspeise, aus heller oder dunkler Schokolade
11.026

die **Schüsselcreme**
Schüs·sel·creme <-s>
eine Nachspeise, meist mit Sahne; nicht sehr fest, aber auch nicht flüssig, wird in kleinen oder größeren Schüsseln angeboten
11.027

die **Sturzcreme**
Sturz·creme <-s>
eine Nachspeise, meist mit **Gelatine**; wird gestürzt, wenn sie kalt ist, z. B. Karamellcreme
auch gestürzte Creme, Stürzcreme
11.028

die **Tränke**
Trän·ke <-n>
hier: eine süße Flüssigkeit mit oder ohne Alkohol; wird über **gebackene** Lebensmittel gegossen, damit sie weich und feucht (saftig) werden, z. B. Kaffee und Amaretto für Tiramisu
11.029

Eingelegtes

das **Mazerat**
Ma·ze·rat <-e>
ein Lebensmittel, das einige Zeit in Flüssigkeit, meist Wasser, Öl oder Alkohol liegt, bis die Flüssigkeit Farbe oder Geschmack bekommen hat, z. B. Früchte in Zuckerwasser
11.030

die **Mazeration**
Ma·ze·ra·ti·on <-en>
etwas, das geschieht (der Vorgang), wenn ein Lebensmittel Farbe oder Geschmack an eine Flüssigkeit abgibt, z. B. Knoblauch seinen Geschmack an Öl
auch Mazerieren
11.031

Gekochtes und Gegartes

die **Bouillon**
Bouil·lon <-s>
eine klare Suppe aus Wasser, Fleisch, Knochen
auch Brühe, Fleischbrühe
11.032

die **Nocke**
No·cke <-n>
ein kleiner Kloß aus **Teig**; wird mit einem Löffel geformt, in Salzwasser **gegart** und als **Suppeneinlage**, **Beilage** oder einzelne Speise angeboten
11.033

der **Sud**
Sud <-e>
Flüssigkeit, die übrig bleibt, wenn Lebensmittel gekocht (manchmal gebraten) werden
11.034

die **Suppeneinlage**
Sup·pen·ein·la·ge <-n>
fertig gekochte Gemüsestücke, Klöße usw., die man zu einer Suppe gibt und darin warm macht
11.035

Halbfestes

der **Brei** ①
Brei <-e>
hier: eine halbfeste Speise aus einem festen, vorher weich gekochten Lebensmittel hergestellt , z. B. Kartoffeln
11.036

der **Brei** ②
Brei <-e>
hier: eine halbfeste süße Speise aus Milch oder Wasser und Getreide gekocht; wird oft mit Früchten gegessen, z. B. Grießbrei, Reisbrei, Haferbrei
11.036

das/der **Mus**
Mus <-e>
eine dickflüssige Speise, meist aus weich gekochtem Obst oder Gemüse, z. B. Apfelmus
11.037

das **Püree**
Pü·ree <-s>
eine halbfeste Speise; wird aus Kartoffeln, Gemüse, Fleisch, Obst und **Hülsen-**früchten hergestellt, z. B. aus Erbsen
11.038

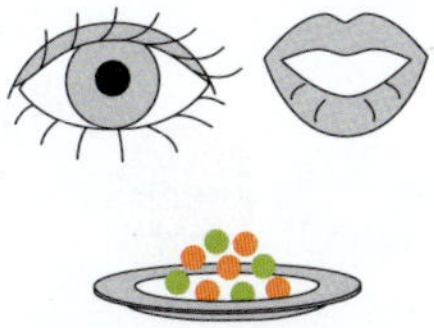

appetitanregend

ap·pe·tit·an·re·gend

<appetitanregender, am appetitanregendsten>

so ist etwas, das Lust auf Essen macht

12.001

arteigen 1

art·ei·gen

so ist der spezielle Geschmack einer Speise oder eines Lebensmittels

12.002

arteigen 2

art·ei·gen

so ist etwas, das zu einer speziellen Art gehört, z. B. die Apfelkerne zum Apfel

12.002

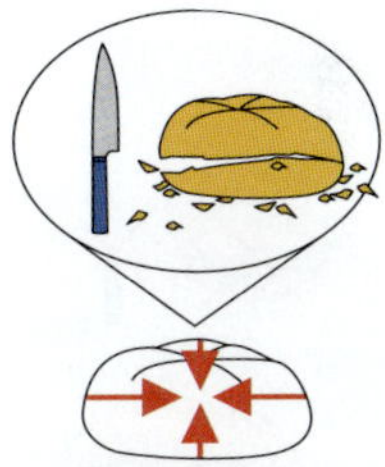

die Bindekraft

Bin·de·kraft <Bindekräfte>

hier: die Kraft, die bestimmte Lebensmittel in ihrer Form und Art hält, z. B. frische Brötchen **knusprig**; entsteht durch verschiedene Prozesse während des Kochens oder **Backens**

12.003

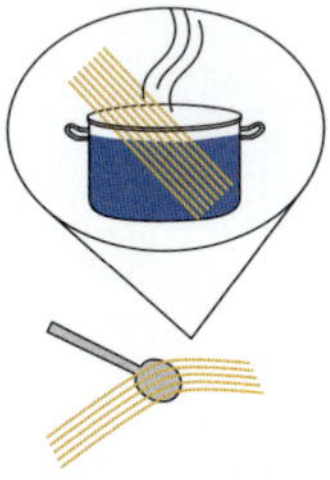

Biss haben

Biss ha·ben

hier: so sind gekochte Lebensmittel, die nicht mehr hart und noch nicht weich sind, z. B. Gemüse oder Nudeln

12.004

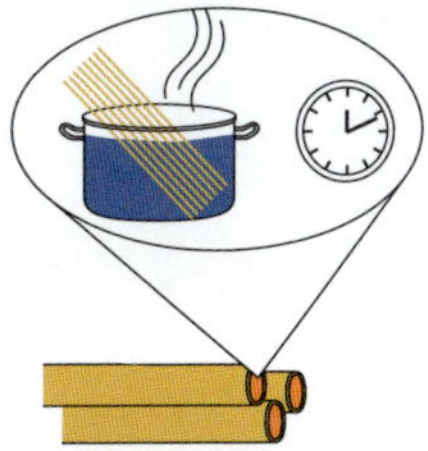

bissfest

biss·fest <bissfester, am bissfestesten>

so ist ein Lebensmittel zubereitet, das **Biss hat**; außen schon weich, aber innen noch fest, z. B. Nudeln

auch al dente

12.005

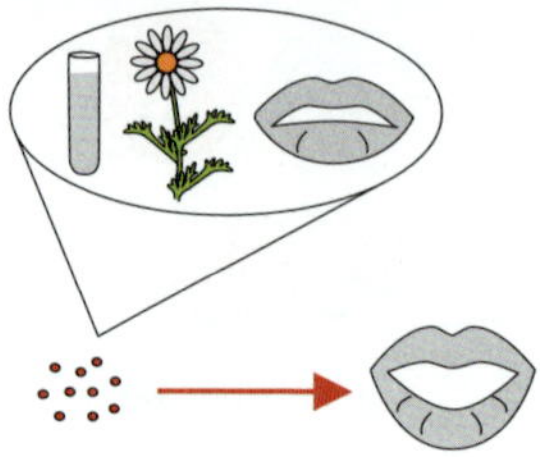

der **Bitterstoff**
Bit·ter·stoff <-e>
ein Stoff, der in einigen Pflanzen vorkommt oder chemisch hergestellt wird; schmeckt bitter und macht Appetit
12.006

der **Einheitsgeschmack**
Ein·heits·ge·schmack *kein Plural*
hier: der Geschmack, an dem man ein Gericht erkennt
12.007

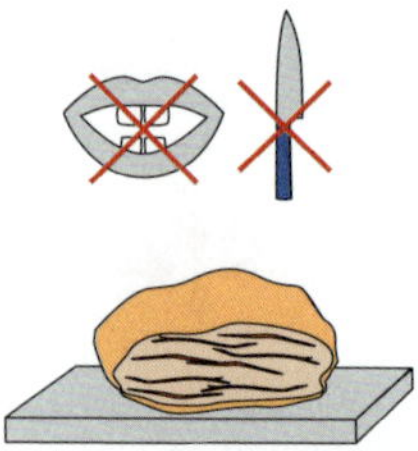

faserig
fa·se·rig
<faseriger, am faserigsten>
hier: so ist ein Lebensmittel, das nicht gut zu beißen oder zu schneiden ist, weil es zu viele dünne, trockene, lange Teile (Fasern) enthält, z. B. gekochtes Rindfleisch
12.008

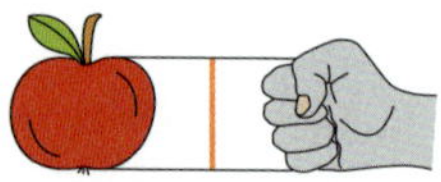

faustgroß
faust·groß
so ist etwas, das so groß ist wie eine fest geschlossene Hand, z. B. ein Apfel, eine Kartoffel oder eine kleine Paprikaschote
12.009

flockig
flo·ckig
so ist etwas, das beim Beißen (Kauen) weich und locker ist, z. B. gerührtes und gebratenes Ei (Rührei)
12.010

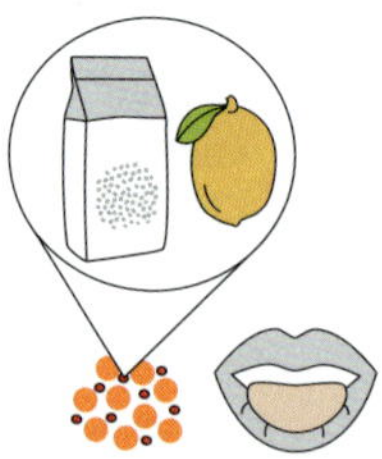

der **Geschmacksstoff**
Ge·schmacks·stoff <-e>
der Teil eines Lebensmittels, den die Zunge schmecken kann, z. B. süß oder sauer
12.011

graved
gra·ved
so ist eine Speise, meist Fisch (Lachs), die mit einer speziellen süß-sauren Sauce und mit Kräutern (Dill) serviert wird
12.012

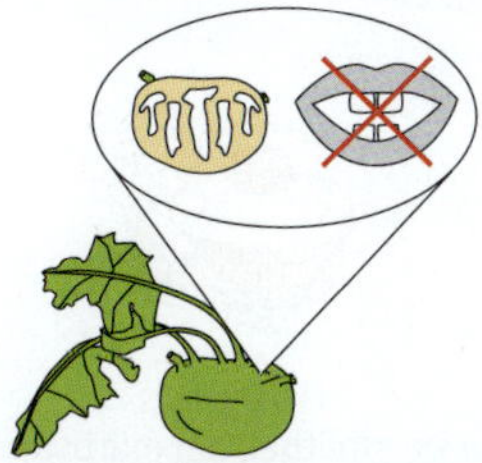

holzig
hol·zig <holziger, am holzigsten>
so ist Gemüse oder Obst, dessen Inneres fast so hart wie Holz oder **faserig** ist, z. B. Kohlrabi
12.013

knackig
kna·ckig <knackiger, am knackigsten>
so ist etwas, das beim Hineinbeißen fest und frisch ist; z. B. ein grüner Apfel
12.014

knusprig
knusp·rig <knuspriger, am knusprigsten>
so ist z. B. stark gebratener **Speck** oder die gebratene Haut von Huhn
auch kross
12.015

körnig
kör·nig <körniger, am körnigsten>
so ist etwas, das aus kleinen, festen Teilchen besteht, z. B. Müsli
12.016

löslich
lös·lich <löslicher, am löslichsten>
so ist etwas, das sich in einer Flüssigkeit auflöst; z. B. Salz in Wasser
12.017

mürbe

mür·be <mürber, am mürbsten>
so ist etwas, das sich leicht beißen lässt, schnell bricht oder auseinanderfällt, z. B. der Teig von manchen Obstkuchen und Torten
12.018

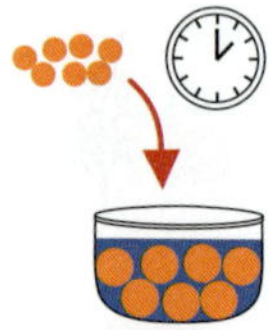

quellfähig

quell·fä·hig <quellfähiger, am quellfähigsten>
so ist eine Speise, die größer und weicher wird, wenn sie in einer Flüssigkeit liegt oder mit einer Flüssigkeit übergossen wird, z. B. Linsen in Wasser
12.019

sämig

sä·mig <sämiger, am sämigsten>
so ist eine dickere Suppe oder Sauce; wie eine Creme, z. B. Tomatensauce oder Tomatenketchup
12.020

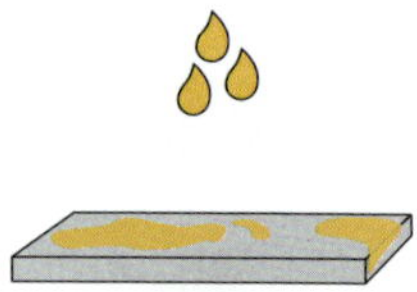

schmierig 1

schmie·rig
<schmieriger, am schmierigsten>
so ist eine Fläche, die voll Fett oder feuchtem Schmutz ist
12.021

schmierig 2

schmie·rig <schmieriger, am schmierigsten>
so sind manche Lebensmittel, die außen kleben, weil sie nicht mehr frisch sind, z. B. Fleisch oder Fisch
12.021

schwammig

schwam·mig
<schwammiger, an schwammigsten>
hier: dick und weich; so ist z. B. die gekochte Haut von **Geflügel**
12.022

verdaulich

ver·dau·lich
<verdaulicher, am verdaulichsten>
hier: so ist eine Speise, die dem Magen und **Darm** keine Probleme macht
12.023

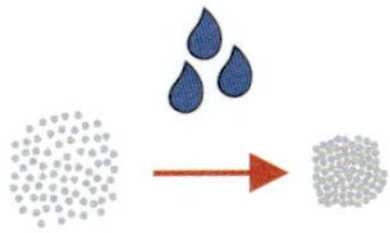

verkleistern

ver·kleis·tern
<verkleistert, verkleisterte, hat verkleistert>
hier: **Stärke** wird in einer Flüssigkeit zu einer klebenden Masse
12.024

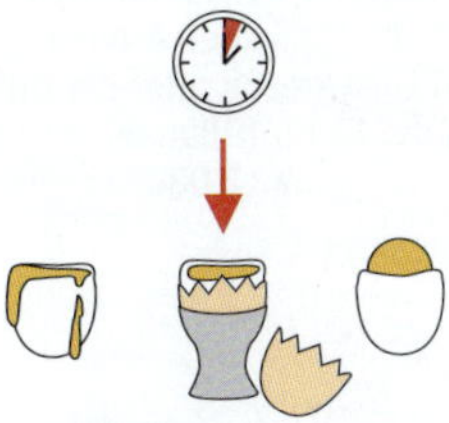

wachsweich

wachs·weich
so ist gekochtes **Eigelb**, das nicht mehr ganz flüssig, aber auch noch nicht hart ist
12.025

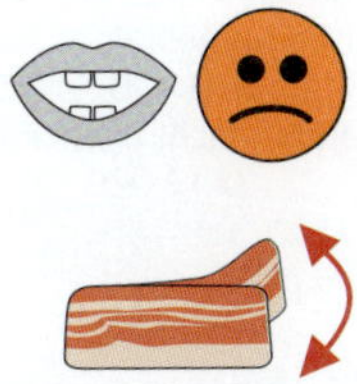

zäh

zäh <zäher, am zäh(e)sten>
so ist etwas, das man biegen, aber kaum ziehen und ganz schlecht beißen kann; z. B. trockenes, zu lang gekochtes oder gebratenes Fleisch und Fleisch von alten Tieren
12.026

zart

zart <zarter, am zartesten>
hier: so ist ein Lebensmittel, das angenehm weich, leicht zu beißen und zu schneiden ist; z. B. ein Stück perfekt gebratenes Fleisch
12.027

das **Aroma**

Aro·ma <-s/-ta/Aro·men>
ein intensiver, angenehmer Geschmack, **Geschmacksstoff** oder **Duft**
12.028

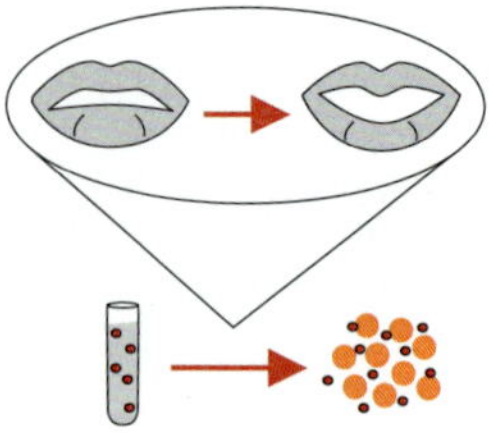

künstliches Aroma

künst·li·ches Aro·ma
ein chemisch hergestellter Stoff, der den Geschmack oder **Duft** z. B. von Lebensmitteln stärker macht oder ändert
12.029

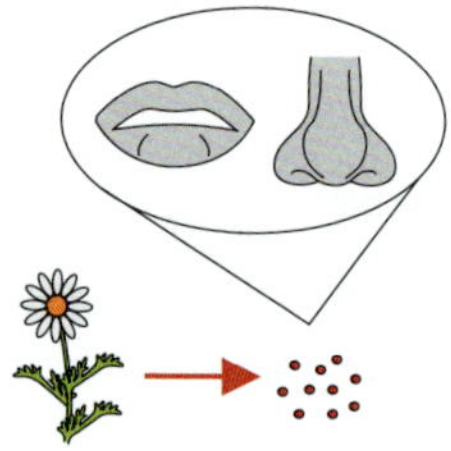

natürliches Aroma

na·tür·li·ches Aro·ma
ein Geschmack oder ein **Duft**, der aus der Natur (Pflanze, Tier) stammt
12.030

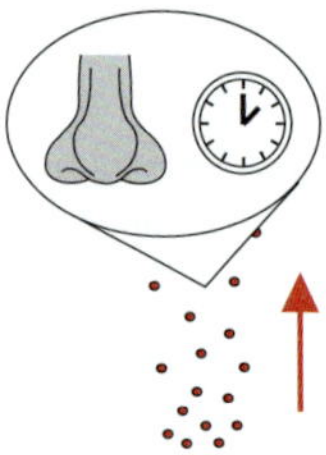

flüchtiger Aromastoff

flüch·ti·ger Aro·ma·stoff
ein Stoff, der schnell wieder verschwindet; ist die Ursache für das, was wir riechen
12.031

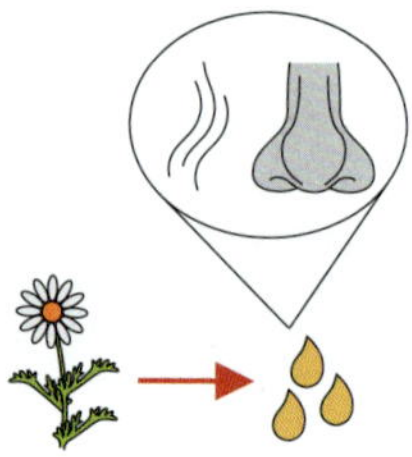

ätherisches Öl

äthe·ri·sches Öl
ein öliger Stoff, der kurze Zeit intensiv riecht; entsteht in Pflanzen
12.032

Fertigstellen

gratinieren

gratinieren <gratiniert, gratinierte, hat gratiniert>
eine Mischung meist aus Ei, Sahne und Käse über eine Speise gießen und sie bei großer Hitze im Ofen braun werden lassen
auch überbacken, überkrusten
13.001

verzehrfertig

ver·zehr·fer·tig
so ist etwas, das sofort gegessen werden kann, so wie es ist
13.002

garnieren

gar·nie·ren
<garniert, garnierte, hat garniert>
Speisen mit gut schmeckenden und/oder hübschen Zutaten dekorieren, z. B. mit frischen Gewürzen
13.003

die Blüte

Blü·te <-n>
hier: bunte, kleine, essbare Blumen zum Dekorieren von Speisen
13.004

das Bouquet

Bou·quet <-s>
hier: kleine Salatblätter, mit denen eine Speise dekoriert wird
13.005

der Croûton
Croû·ton <-s>
Brot, das in kleine Würfel geschnitten und mit oder ohne Butter gebraten (geröstet) wird
13.006

das/der Dekor
De·kor <-s/-e>
hier: eine Form aus Zucker oder Schokolade zum Dekorieren, z. B. eine Blume auf einer Torte oder einem Dessert
13.007

die Glasur
Gla·sur <-en>
hier: eine Mischung meist aus Wasser, **Eiweiß** und Zucker; wird flüssig auf Gebäck gegeben und danach fest
13.008

die Hippenmasse
Hip·pen·mas·se <-n>
eine weiche Menge mit unterschiedlichem, meist süßem Geschmack, zum Herstellen von speziellem Gebäck (Eiswaffeln) oder zum Dekorieren
13.009

die Rosette
Ro·set·te <-n>
hier: Butter mit Gewürz (Kräutern) gemischt; in einer speziellen Form wird sie zu bestimmten Speisen gegeben, z. B. zu Steaks
13.010

die Sahnehaube
Sah·ne·hau·be <-n>
eine kleine Menge flüssiger oder fester Schlagsahne auf einem Getränk oder einer Suppe
auch Sahnehäubchen
13.011

die Schmuckauflage
Schmuck·auf·la·ge <-n>
hier: Blumen, Blätter oder Ähnliches aus **Hippenmasse** zum Dekorieren
13.012

die Skulptur
Skulp·tur <-en>
hier: eine Figur oder eine Dekoration aus Schokolade, **Teig** oder Fett und Zucker, z. B. auf einem Kuchen
13.013

Geschirr

die Cloche
Cloche <-s>
ein **Deckel** aus Metall oder Porzellan mit einer speziellen Form; hält die Speisen warm
auch Glosche, Servierglocke, Wärmeglocke
13.014

feuerfestes Geschirr
feu·er·fes·tes Geschirr
kleine und große Schüsseln, Teller usw., die auch bei sehr hohen Temperaturen im Ofen sein können, z. B. zum **Gratinieren**
13.015

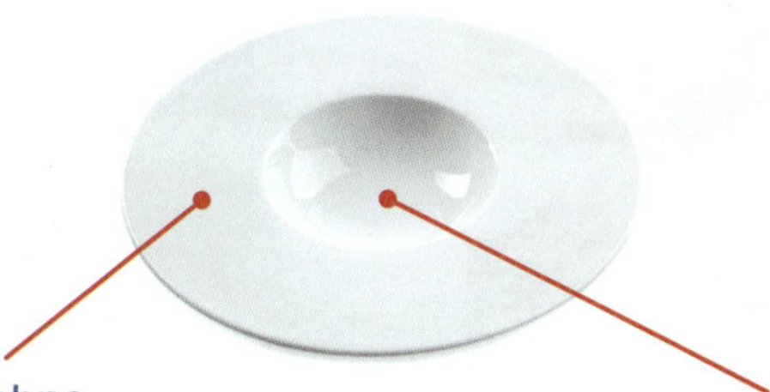

die Fahne
Fah·ne <-n>
hier: der Rand eines Tellers, der höher ist als das Innere des Tellers
13.016

der Spiegel
Spie·gel <->
hier: das tiefere Innere eines Tellers
13.017

Präsentieren

der **Aktionstag**
Ak·ti·ons·tag <-e>
hier: ein Tag, an dem spezielle Produkte, meist Speisen, zu einem bestimmten Thema und/oder besonderen Preisen angeboten werden
13.018

die **Aktionswoche**
Ak·ti·ons·wo·che <-n>
hier: eine Woche, in der Speisen und/oder Produkte zu speziellen Preisen oder aus einer besonderen Region angeboten werden, z. B. Spargel aus Schwetzingen
13.019

das **Außer-Haus-Geschäft**
Au·ßer-Haus-Ge·schäft <-e>
der Verkauf und/oder die Lieferung von Speisen und Getränken, die nicht im Restaurant konsumiert werden, z. B. Pizza
13.020

die **bäuerliche Küche**
bäu·er·li·che Kü·che
eine traditionelle Art, Speisen mit frischen Zutaten (vom Bauern) zuzubereiten und nicht kompliziert zu präsentieren; z. B. kalte Platte (Brotzeit)
13.021

der **Brunch**
Brunch <-e/-(e)s>
eine Mahlzeit am späten Vormittag; enthält Speisen von Frühstück und Mittagessen
13.022

die **Erlebnisgastronomie**
Er·leb·nis·gas·tro·no·mie *kein Plural*
ein spezielles Konzept; Essen wie im Restaurant und Veranstaltungen gleichzeitig
13.023

das **Fingerfood**
Fin·ger·food <-s>
kleine Speisen, die ohne Besteck gegessen werden können
13.024

das **Flying Buffet**
Fly·ing Buf·fet <-s>
kleine Speisen, die ohne Besteck gegessen werden; vom Service auf Tabletts angeboten
auch fliegendes Buffet
13.025

das **Frontcooking**
Front·coo·king *kein Plural*
eine besondere Art des Kochens; die Speisen werden nicht in der Küche, sondern direkt vor dem Gast zubereitet
auch Frontalkochen
13.026

mundgerecht
mund·ge·recht
<mundgerechter, am mundgerechtesten>
so sind Lebensmittel, wenn sie in kleine Stücke geschnitten und bequem zu essen sind
13.027

die **Spezialität**
Spe·zi·a·li·tät <-en>
hier: eine besondere Speise, ein bekanntes Getränk oder Gebäck aus einem Restaurant, einem Land oder einer Region, z. B. Wiener Schnitzel aus Österreich
13.028

die **Spezialitätenwoche**
Spe·zi·a·li·tä·ten·woche <-n>
eine Woche, in der besondere, oft berühmte Speisen und/oder Getränke aus einem Land oder einer Region angeboten werden, z. B. Paella aus Spanien
13.029

Art der Speise

die **Beilage**
Bei·la·ge <-n>
eine Speise, die zum Gericht gehört oder als Portion zusätzlich zum Gericht gegeben wird; z. B. Salat
auch Beigabe
14.001

die **Gemüsebeilage**
Ge·mü·se·bei·la·ge <-n>
Gemüse, das zum Gericht gehört oder dazu gegeben wird, z. B. Karotten
14.002

die **Sättigungsbeilage**
Sät·ti·gungs·bei·la·ge <-n>
eine **Beilage**, die **Kohlenhydrate** enthält und satt macht, z. B. Kartoffeln
14.003

die **Schonkost**
Schon·kost *kein Plural*
eine Speise, die Magen und **Darm** keine Probleme macht; mit wenig Fett zubereitet, z. B. **gedünstetes** Gemüse
auch Krankenkost, leichte Kost
14.004

die **Standardgarnitur** 1
Stan·dard·gar·ni·tur <-en>
hier: Salatblatt, Gurke und Tomate, mit denen eine Speise dekoriert wird
14.005

die **Standardgarnitur** 2
Stan·dard·gar·ni·tur <-en>
hier: eine bekannte Art der Zubereitung und Präsentation von speziellen Gerichten, z. B. Spaghetti Bolognese, mit einer speziellen Sauce aus Hackfleisch und Tomaten
auch klassische Garnitur
14.005

Geschmack und Duft

aufdringlich

auf·dring·lich
<aufdringlicher, am aufdringlichsten>
hier: so ist ein Geschmack oder **Duft**, der in nicht angenehmer Art stärker als andere wirkt
14.006

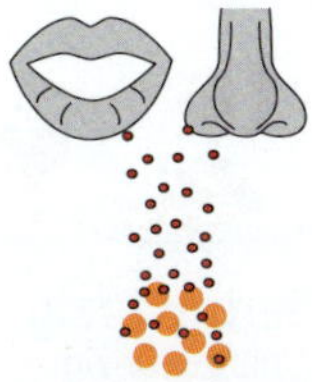

ausgeprägt

aus·ge·prägt
<ausgeprägter, am ausgeprägtesten>
hier: so ist ein intensiver Geschmack oder **Duft**
14.007

bekömmlich

be·kömm·lich
<bekömmlicher, am bekömmlichsten>
so ist eine Speise, die leicht **verdaulich** ist und keine Probleme für Magen oder **Darm** verursacht
14.008

delikat

de·li·kat
<delikater, am delikatesten>
hier: so ist eine Speise, die gut schmeckt und fein zubereitet ist
14.009

dezent

de·zent <dezenter, am dezentesten>
hier: so ist ein feiner Geschmack oder leichter, angenehmer **Duft** einer Speise oder eines Getränks; nicht **aufdringlich**
14.010

der Duft

Duft <Düfte>
das, was man gerne riecht; ein angenehmer Geruch
14.011

herb-würzig

herb-wür·zig

so ist eine Speise, ein Getränk oder ein Geruch mit einem leicht scharfen, bitteren oder sauren Geschmack oder **Duft**

14.012

pikant

pi·kant

<pikanter, am pikantesten>

so ist eine Speise mit leicht scharfem Gewürz, z. B. Pfeffer oder Paprika

14.013

Service

ausheben

aus·he·ben

<hebt aus, hob aus, hat ausgehoben>

Geschirr und Besteck vom Tisch der Gäste nehmen

14.014

der Beistelltisch

Bei·stell·tisch <-e>

ein schmaler Tisch; wird bei Bedarf für Geschirr und Besteck oder zum Vorbereiten und Anbieten der Speisen neben den Tisch der Gäste gestellt

14.015

der Darbietungsservice

Dar·bie·tungs·ser·vice <-s>

das Anbieten der Speisen von Tellern, Platten und Tabletts

14.016

der Nachservice

Nach·ser·vice <-s>

weitere Mengen von Speisen werden ein zweites Mal, manchmal auch auf sauberen Tellern, angeboten

14.017

der **Quickservice**
Quick·ser·vice <-s>
ein Service ohne Kellner in der **Systemgastronomie**; der Gast bestellt und bezahlt an der Kasse und nimmt die Speisen mit zum Tisch, z. B. Gebäck und Kaffee
auch Counterservice
14.018

das **Schankgefäß**
Schank·ge·fäß <-e>
die Flasche, die **Karaffe** oder der **Krug**, aus denen Getränke in die Gläser gefüllt werden
14.019

das **Spezialbesteck**
Spe·zi·al·be·steck <-e>
Messer, Gabeln, Löffel, die nur für bestimmte Speisen benutzt werden, z. B. für Fisch
14.020

der **Trolley**
Trol·ley <-s>
hier: ein Wagen mit mindestens zwei Etagen und Platz für Speisen, Getränke oder Geschirr
auch Küchenwagen
14.021

das **Vorlegebesteck**
Vor·le·ge·be·steck <-e>
Löffel und Gabel, mit denen die Kellner/Kellnerinnen den Gästen die Speisen auf die Teller geben
auch Servier-Set
14.022

vorlegen
vor·le·gen
<legt vor, legte vor, hat vorgelegt>
hier: Speisen mit Löffel und Gabel (**Vorlegebesteck**) auf den Teller des Gastes legen
14.023

die **Spirituose**
Spi·ri·tu·o·se <-n>
ein Getränk, das mindestens 15 % Alkohol enthält
15.001

der **Brand**
Brand <Brände>
hier: ein alkoholisches Getränk, das nach einem speziellen Verfahren (Brennen) z. B. auf der Grundlage von **gegorenen** Obststücken (**Maische**) hergestellt wird, z. B. Obstbrand
15.002

der **Branntwein**
Brannt·wein <-e>
ein alkoholisches Getränk, das nach einem speziellen Verfahren meist aus Wein hergestellt wird und mindestens sechs Monate lagern muss, z. B. Cognac, Brandy
15.003

der **Geist**
Geist <-e>
hier: ein alkoholisches Getränk, das entsteht, indem z. B. Früchte für einige Zeit in Alkohol eingelegt (**mazeriert**) werden; der Alkohol nimmt den Geschmack der Früchte an, z. B. Himbeergeist
15.004

der **Likör**
Li·kör <-e>
ein alkoholisches Getränk, das auf der Grundlage von **Geist** oder **Brand** hergestellt werden kann; enthält weniger Alkohol und mehr Zucker, z. B. Kirschlikör
15.005

Wein und Fruchtwein

das **Anbaugebiet**
An·bau·ge·biet <-e>
hier: die Region, in der **Trauben** für Wein in größeren Mengen wachsen und gepflegt (angebaut) werden
15.006

gären
gä·ren
<gärt, gor/gärte, hat/ist gegoren/gegärt>
wenn etwas gärt, ändert es den Geschmack und Geruch und es entsteht Alkohol
15.007

die **Maische**
Mai·sche <-n>
hier: die Grundlage zur Herstellung von Wein; z. B. Saft und Reste von **Trauben**
15.008

der **Most**
Most <-e>
Saft aus Früchten, z. B. **Trauben**, aus dem Wein gemacht wird
15.009

die **Rebe**
Re·be <-n> *lang* Weinrebe
die Pflanze, an der **Trauben** wachsen
auch Rebstock, Weinstock
15.010

die **Traube**
Trau·be <-n>
1 helle oder dunkle Frucht, aus der Wein und **Schaumwein** hergestellt wird
2 die Menge von Früchten, die an einzelnen Zweigen der **Rebe** wachsen
15.011

Gemischte Getränke

die **Bowle**
Bow·le <-n>
ein kaltes Getränk; Wein und/oder **Schaumwein** und Früchte werden in einem **Gefäß** oder Glas gemischt, das auch Bowle heißt
15.012

die **Kohlensäure**
Koh·len·säu·re *kein Plural*
etwas, das durch die chemische Reaktion von Wasser und einem Gas (**Kohlendioxid**) entsteht, z. B. in Mineralwasser
15.013

der **Schaumwein**
Schaum·wein <-e>
der Name für Getränke in Flaschen, die Wein und eine bestimmte Menge **Kohlensäure** enthalten, z. B. Champagner
15.014

die **Schorle**
Schor·le <-n>
Wein oder Saft mit Mineralwasser gemischt
15.015

der **Sirup**
Si·rup <-e/-s>
ein dicker, meist sehr süßer Obstsaft, der zum Trinken mit Wasser gemischt wird
15.016

weinhaltiges Getränk
wein·hal·ti·ges Ge·tränk
der Name für ein gemischtes Getränk, das mehr als 50 % Wein enthält; z. B. Glühwein
15.017

Wein servieren

dekantieren
de·kan·tie·ren
<dekantiert, dekantierte, hat dekantiert>
Wein aus einer Flasche in eine **Karaffe** gießen, damit feste Stoffe in der Flasche zurückbleiben
15.018

der Flaschenwein
Fla·schen·wein <-e>
ein Wein, der in Flaschen angeboten und verkauft wird
15.019

glasweise
glas·we·ise
so wird ein Wein serviert, der nicht in der Flasche, sondern in einzelnen Gläsern angeboten wird
15.020

die Karaffe
Ka·raf·fe <-n>
ein **Gefäß**, meist aus Glas, das unten rund ist und nach oben schmaler wird
15.021

der Krug
Krug <Krüge>
hier: ein **Gefäß**, in dem Getränke angeboten werden, z. B. Saft oder Wein
15.022

der Schoppen
Schop·pen <->
ein Maß für Getränke; Menge und Art der Getränke sind regional unterschiedlich
15.023

die **Bier- und Weinsprache**

Bier- und Wein·spra·che

Ausdrücke, die Fachleute benutzen, wenn sie über Bier, Wein und andere alkoholische Getränke sprechen

15.024

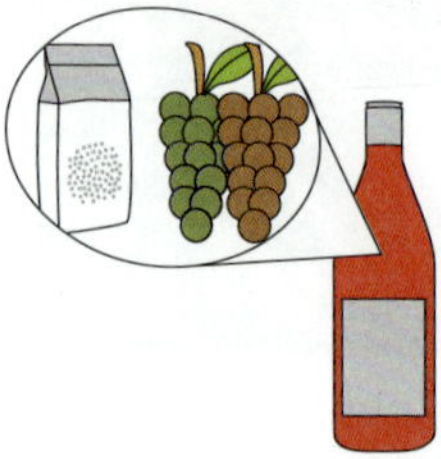

die Auslese

Aus·le·se <-n>

Wein, der viel Zucker enthält; wird nur aus sehr reifen **Trauben** oder aus **Trauben** mit **Edelfäule** hergestellt

15.025

die Blume 1

Blu·me <-n>

hier: der **Duft** eines Weines

15.026

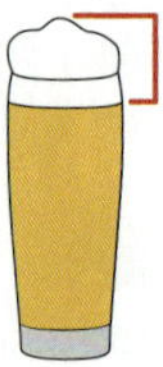

die Blume 2

Blu·me <-n>

hier: der **Schaum** auf dem Bier im Glas

15.026

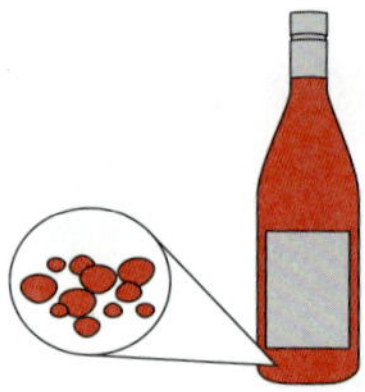

der Bodensatz

Bo·den·satz <Bodensätze>

hier: feste Stoffe, die in Wein entstehen und sich am Boden einer Flasche befinden

auch Weinstein

15.027

das Bukett

Bu·kett <-s/-e>

hier: der **Duft** eines Weines

auch Blume, Bouquet

15.028

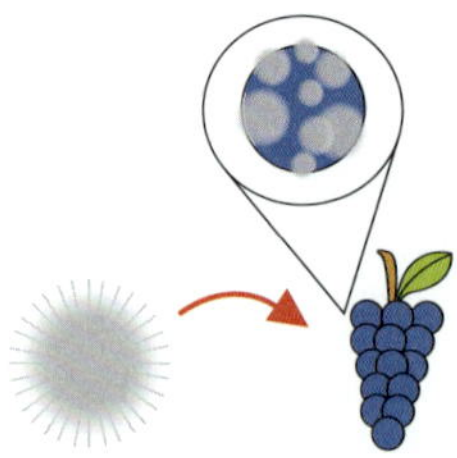

die Edelfäule

Edel·fäu·le *kein Plural*

eine Infektion der **Trauben**; die Haut der **Trauben** wird dadurch grau und die Menge des Zuckers im Wein wird größer

15.029

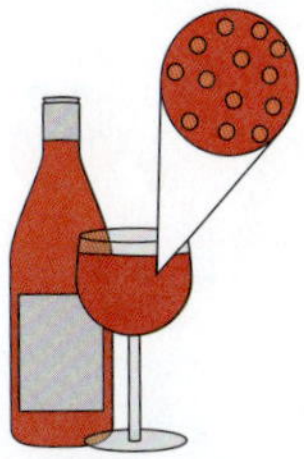

naturtrüb
na·tur·trüb
so sind Saft, Bier oder Wein, die noch sichtbare Reste enthalten; z. B. von den Früchten
15.030

rosinenartig
ro·si·nen·ar·tig
so ist eine **Traube**, wenn sie braun und getrocknet ist
15.031

die Träne
Trä·ne <-n>
hier: Tropfen von Wein, die innerhalb des Glases herunterlaufen
15.032

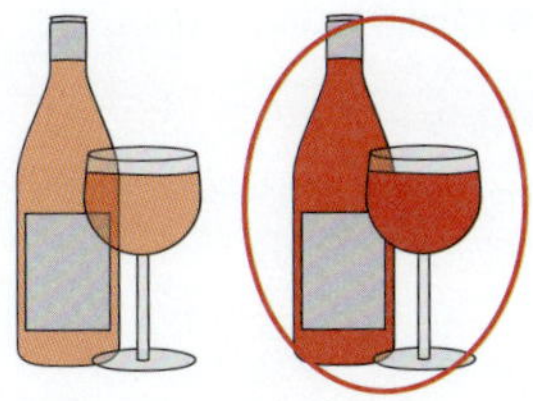

trüb
trüb
<trüber, am trübsten>
so sind Flüssigkeiten, durch die man nicht hindurchsehen kann (die nicht klar sind)
15.033

vollreif
voll·reif
so ist eine Frucht im besten Zustand, kurz bevor sie überreif ist
15.034

überreif
über·reif
so ist eine zu reife Frucht, kurz bevor sie schlecht wird (fault)
15.035

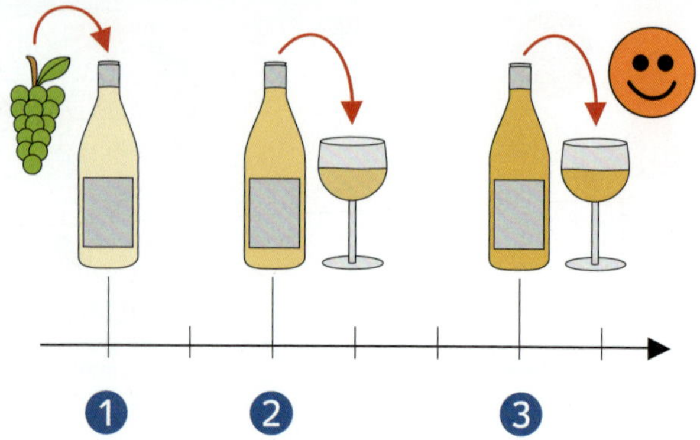

die **Weinreife**

Wein·rei·fe *kein Plural*

❶ die Zeit, in der die **Trauben** reif für die Ernte (Weinlese) sind

❷ der Zustand, in dem ein Wein getrunken werden kann, z. B. sehr junger Federweißer

❸ die Qualität eines Weines, z. B. in der Flasche, wenn sie nicht mehr besser werden kann

▶ 15.036

Lager

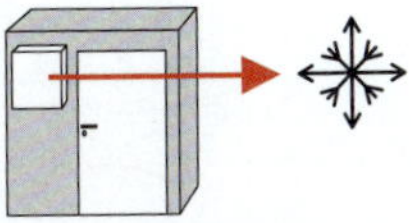

das **Kühlaggregat**
Kühl·ag·gre·gat <-e>
eine Maschine, die Kälte herstellen kann, z. B. im **Kühlraum**
16.001

der **Kühlraum**
Kühl·raum <Kühlräume>
ein Zimmer oder eine Art großer Kühlschrank, in den man hineingehen kann; hier werden Lebensmittel **gekühlt** und frisch gehalten
auch Kühlzelle
16.002

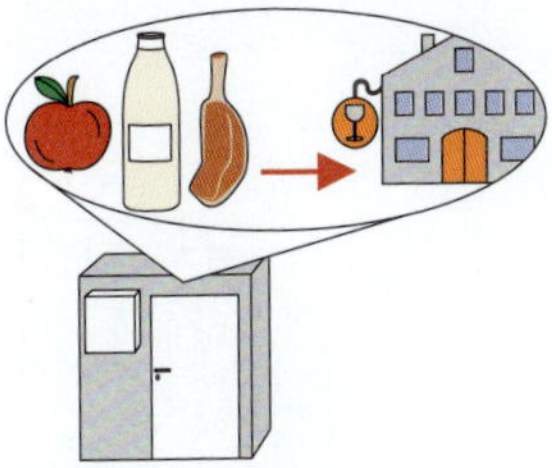

der **Lagerraum**
La·ger·raum <Lagerräume>
hier: Platz, Fläche und Raum, auf und in denen sich Waren befinden, bis sie in der Küche oder im Restaurant benötigt werden
16.003

das **Magazin**
Ma·ga·zin <-e>
hier: der Name für verschiedene Räume, in denen Waren liegen, bis sie gebraucht werden
16.004

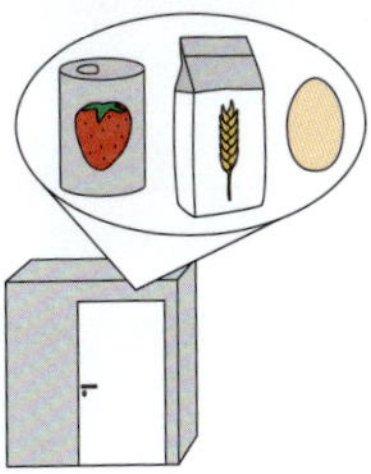

das **Normallager**
Nor·mal·la·ger <-/Normalläger>
ein Lager für Waren, die nicht gekühlt werden müssen (**Trockenwaren**), z. B. Nudeln, Mehl, Tomatensauce, Obst und Gemüse in Dosen
auch Magazin für Trockenwaren
16.005

der **Tiefkühlraum**
Tief·kühl·raum <Tiefkühlräume>
ein Raum, in dem Lebensmittel durch große Kälte **gefrostet** und dadurch frisch gehalten werden
16.006

Magazin

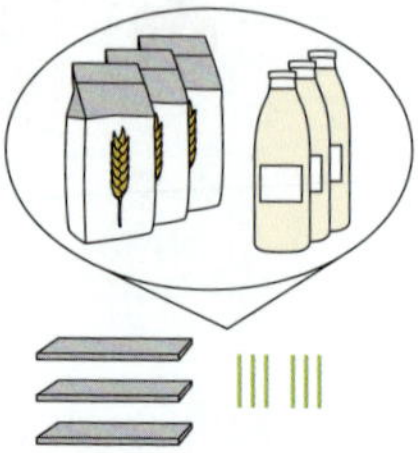

der **Bestand**
Be·stand <Bestände>
lang Lagerbestand
hier: die Menge der Waren, die sich aktuell in einem Lager befindet
16.007

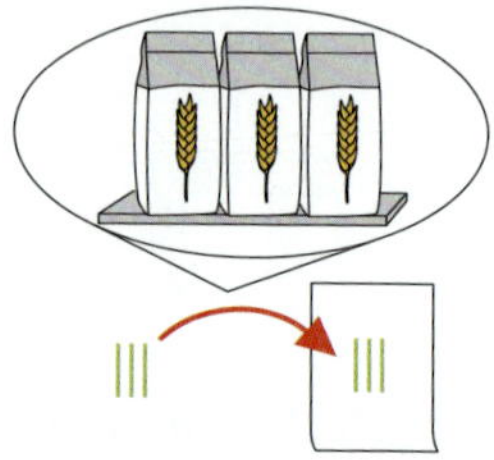

die **Bestandsaufnahme**
Be·stands·auf·nah·me <-n>
das Zählen und Notieren der Waren in einem Lager
auch Inventur
16.008

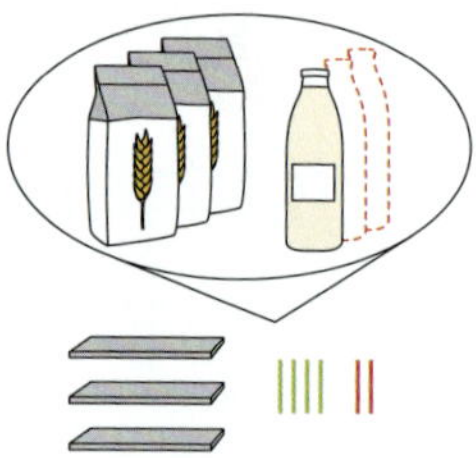

der **Fehlbestand**
Fehl·be·stand <Fehlbestände>
hier: die Angabe, wie viel von einer Ware im Lager fehlt
16.009

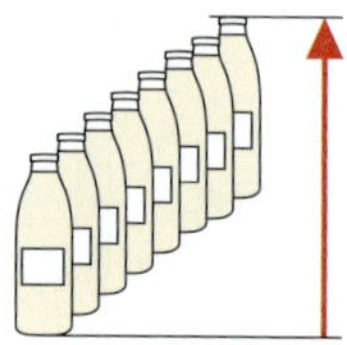

der **Höchstbestand**
Höchst·be·stand <Höchstbestände>
hier: die größte Menge von einer Ware, die in einem Lager sein darf
auch Maximalbestand
16.010

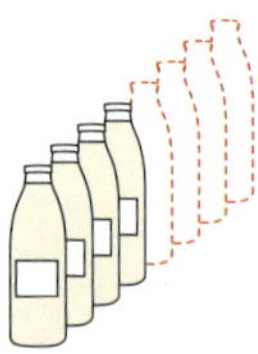

der **Istbestand**
Ist·be·stand <Istbestände>
die Menge von Waren, die tatsächlich in einem Lager ist
16.011

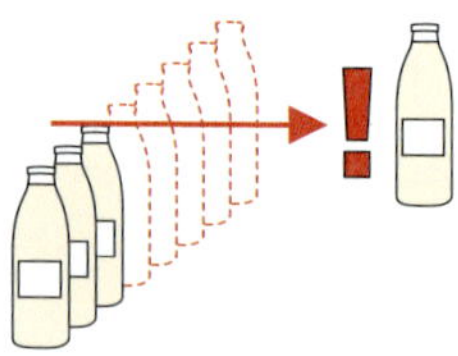

der **Meldebestand**
Mel·de·be·stand <Meldebestände>
die Menge einer Ware, bei deren Erreichen neue Produkte bestellt werden müssen, damit immer genug Ware im Lager ist
auch Meldemenge, Bestellbestand, Anforderungsbestand, Bestellgrenze, Bestellpunkt
16.012

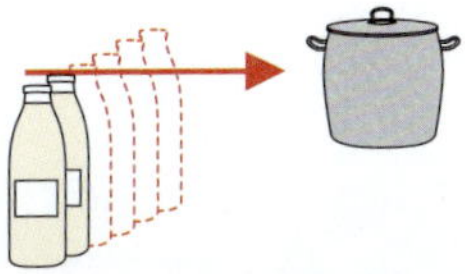

der Mindestbestand
Min·dest·be·stand <Mindestbestände>
hier: die Menge einer Ware, die im Lager sein muss, damit in der Küche nichts fehlt
auch eiserner Bestand, eiserne Reserve, Reservebestand, Sicherheitsbestand
16.013

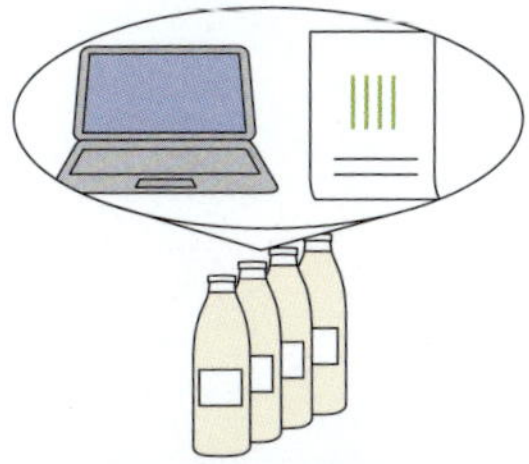

der Sollbestand
Soll·be·stand <Sollbestände>
die Menge einer Ware, die vorhanden sein soll; steht in einer Liste im Computer oder auf Papier
16.014

Lager organisieren und führen

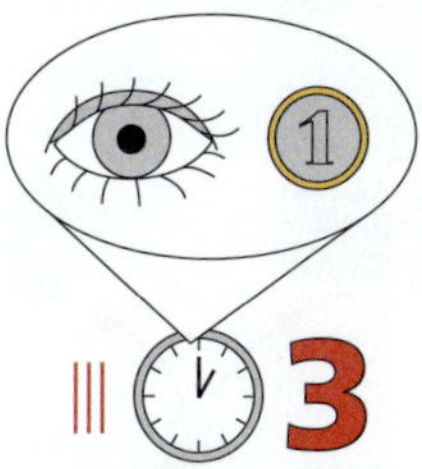

die Lagerkennzahl
La·ger·kenn·zahl <-en>
eine Reihe von verschiedenen Zahlen, die zeigen, wie gut ein Lager geführt wird; z. B. die **Umschlagshäufigkeit**
auch Lagerkennziffer
16.015

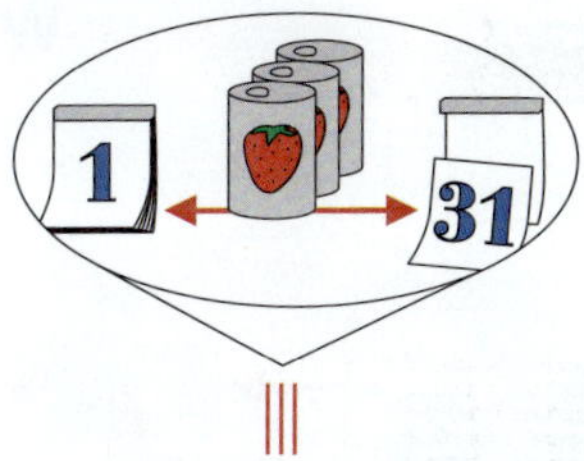

durchschnittlicher Lagerbestand
durch·schnitt·li·cher La·ger·be·stand
eine bestimmte **Lagerkennzahl**; steht für die Menge der Waren, die sich während eines Jahres im Lager befinden
16.016

durchschnittliche Lagerdauer
durch·schnitt·li·che La·ger·dau·er
eine bestimmte **Lagerkennzahl**; steht für die durchschnittliche Zeit, während der eine Ware im Lager ist
16.017

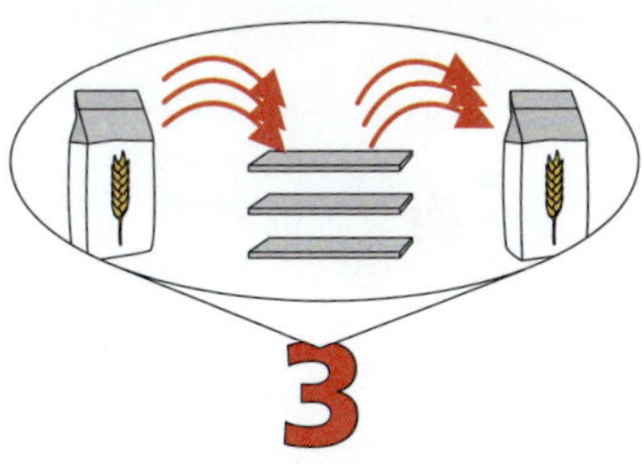

die Umschlagshäufigkeit
Um·schlags·häu·fig·keit <-en>
lang Lagerumschlagshäufigkeit
eine bestimmte **Lagerkennzahl**; zeigt, wie oft die gesamte Menge eines Produkts pro Jahr aus dem Lager genommen und durch neue Ware ersetzt wurde
16.018

die **Trockenware**
Tro·cken·wa·re <-n>
Produkte, die ohne Kühlschrank lange haltbar sind; werden meist in Tüten, Schachteln und Verpackungen aus Papier oder Folie verkauft, z. B. Nudeln, Reis, Gewürze, Schokolade
16.019

Wareneinkauf

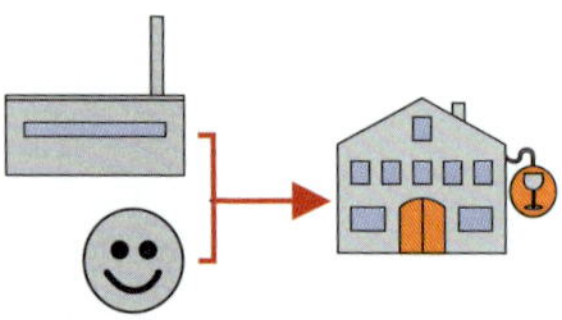

die **Bezugsquelle**
Be·zugs·quel·le <-n>
Hersteller oder Personen, von denen Waren gekauft werden
16.020

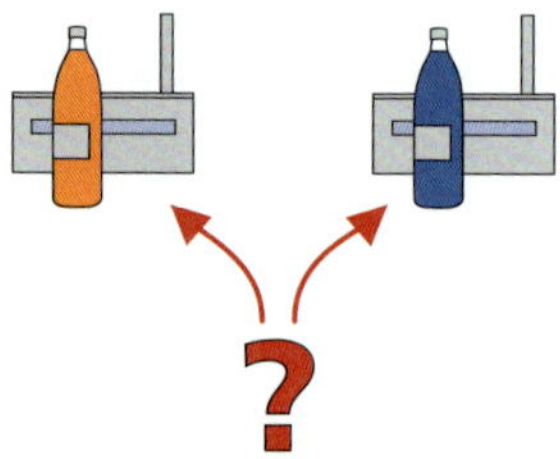

die **Bezugsquellenermittlung**
Be·zugs·quel·len·er·mitt·lung <-en>
die Suche nach dem Hersteller oder Produzenten, bei dem die Ware gekauft werden soll
16.021

der **Lieferschein**
Lie·fer·schein <-e>
ein Dokument, das die Ware begleitet und Auskunft über gelieferte Produkte gibt
auch Warenbegleitschein
16.022

der **Lieferverzug**
Lie·fer·ver·zug <Lieferverzüge>
eine Verspätung; die Ware wird nicht zum festgelegten Termin geliefert
16.023

offener Mangel

of·fe·ner Man·gel
ein Schaden am Produkt,
der sofort oder bei Prüfung sichtbar ist
auch erkennbarer Mangel
16.024

verdeckter Mangel

ver·deck·ter Man·gel
ein versteckter Schaden an der Ware; der Kunde kann den Fehler nicht sofort erkennen
auch versteckter Mangel
16.025

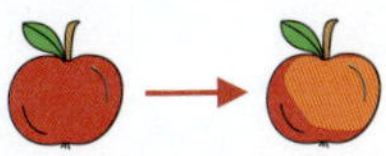

der Verderb

Ver·derb *kein Plural*
hier: das Schlechtwerden von Lebensmitteln
auch Verderben
16.026

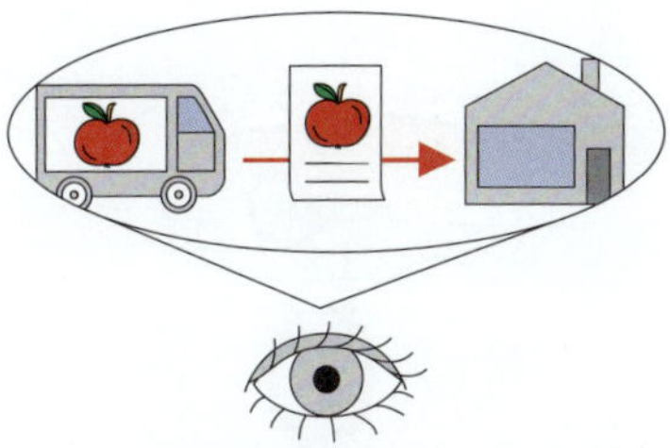

die Warenannahme

Wa·ren·an·nah·me <-n>
das Annehmen von gelieferter Ware; besteht aus mehreren Kontrollen, z. B. des **Lieferscheins**
16.027

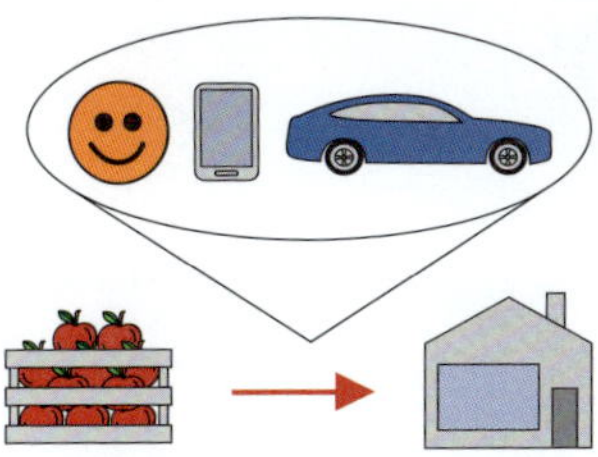

die Warenbeschaffung

Wa·ren·be·schaf·fung <-en>
das Bestellen, Besorgen oder Einkaufen von Produkten
16.028

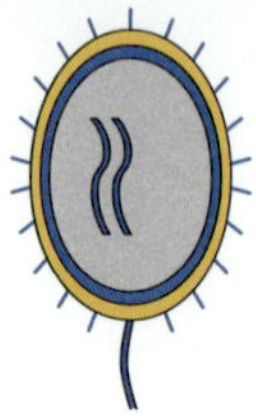

die Bakterie

Bak·te·rie <-n>
ein sehr kleiner **Organismus**;
kann Krankheiten verursachen
auch Bakterium
17.001

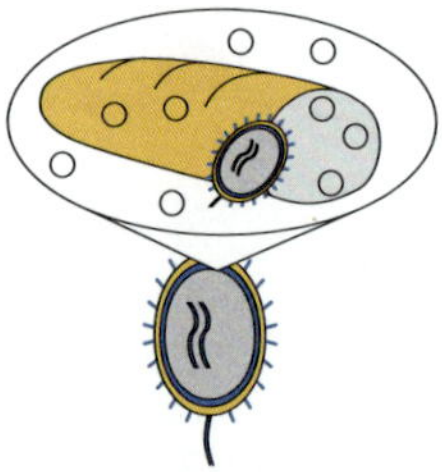

der Aerobier

Ae·ro·bi·er <->
eine **Bakterie**, die Luft zum Existieren braucht; lebt z. B. in und auf Brot
17.002

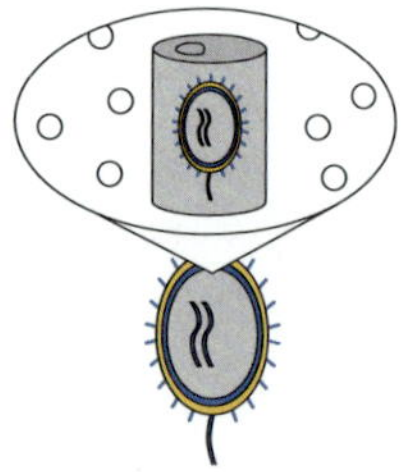

der Anaerobier

An·ae·ro·bi·er <->
eine **Bakterie**, die ohne Luft lebt, z. B. in Dosen mit Lebensmitteln
17.003

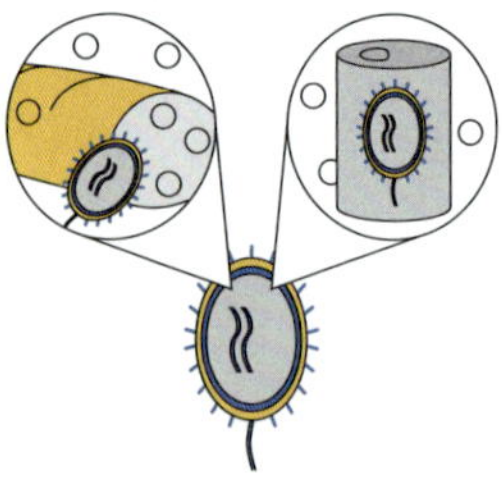

fakultativer Anaerobier

fa·kul·ta·ti·ver An·ae·ro·bi·er
eine **Bakterie**, die mit und ohne Luft leben kann, z. B. auf und in Brot
17.004

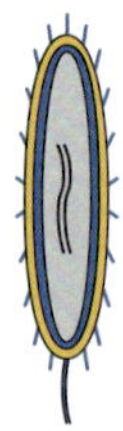

die Bazille

Ba·zil·le <-n>
ein anderer Name für spezielle **Bakterien** mit länglicher Form (Stäbchen)
auch Bazillus
17.005

die Bodenbakterie
Bo·den·bak·te·rie <-n>
eine der vielen Arten von **Bakterien**, die in der Erde leben; macht den Boden für die Pflanzen locker
17.006

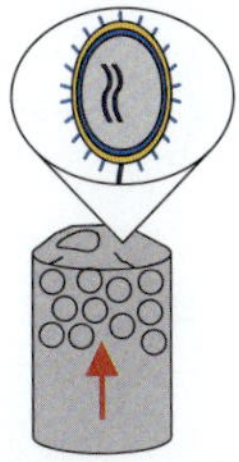

die Bombage
Bom·ba·ge <-n>
hier: die Form einer Dose, die sich durch Druck verändert hat; der Druck entsteht innerhalb der Dose durch **Bakterien**
17.007

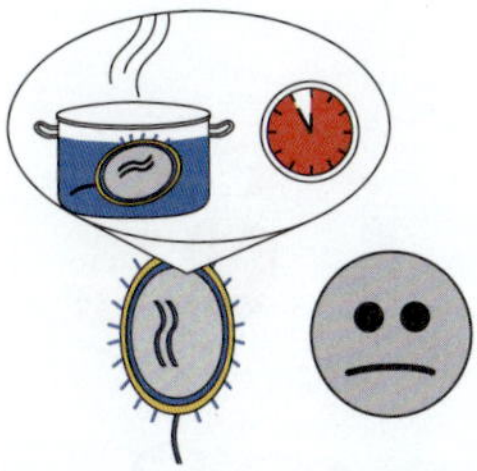

das Clostridium Botulinum
Clos·tri·di·um Bo·tu·li·num <Clostridien Botulinum>
eine **Bakterie**, die sehr schädlich für Menschen ist; kann in kochendem Wasser bis zu einer Stunde leben
17.008

die Essigsäurebakterie
Es·sig·säu·re·bak·te·rie <-n>
kurz Essigbakterie
eine **Bakterie**, die alkoholische Getränke sauer und schlecht macht, z. B. Wein und Bier
17.009

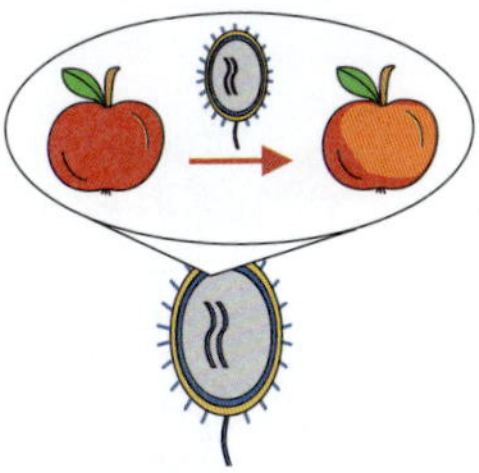

der Fäulniserreger
Fäul·nis·er·re·ger <->
ein **Mikroorganismus** als Ursache für das Schlechtwerden von Lebensmitteln, z. B. **Bakterien**
17.010

die Salmonelle
Sal·mo·nel·le <-n>
eine **Bakterie**, die Menschen und Tiere krank macht; ist besonders häufig in **Geflügel** oder Eiern und kann auch auf Geschirr und Küchengeräten leben
17.011

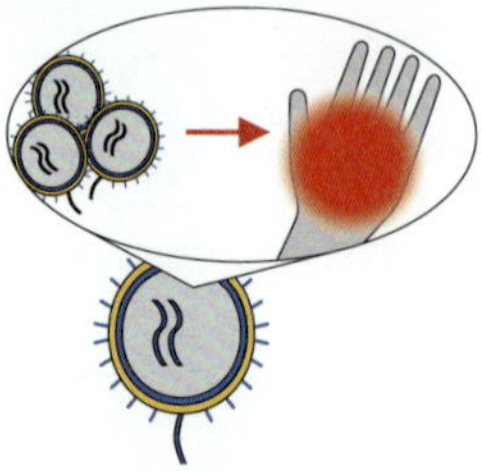

der **Staphylokokkus**
Sta·phy·lo·kok·kus <Staphylokokken>
eine runde **Bakterie**, die in Gruppen lebt; verursacht Entzündungen im Körper und auf der Haut
auch Eitererreger
17.012

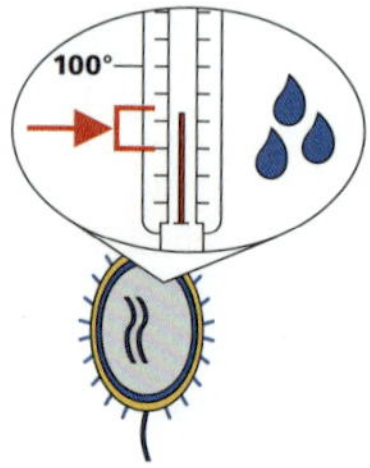

thermophile Bakterie
ther·mo·phi·le Bak·te·rie
eine **Bakterie**, die am besten bei hohen Temperaturen in feuchter Wärme wächst
17.013

Gifte

das **Botulinumtoxin**
Bo·tu·li·num·to·xin *kein Plural*
kurz BTX
ein gefährliches Gift in Lebensmitteln, die nicht mehr gut sind; verursacht Druck und dadurch **Bombagen** in Dosen
auch Botulinum-Neurotoxin (BoNT)
17.014

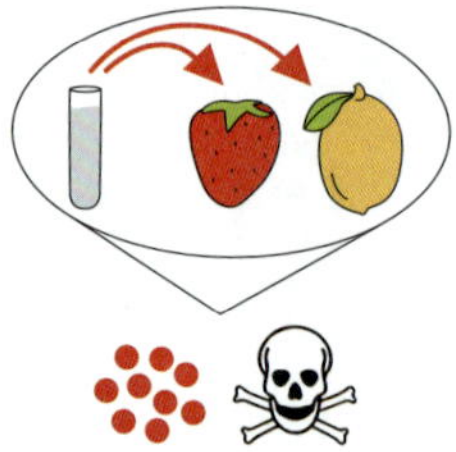

das **Fungizid**
Fun·gi·zid <-e>
ein künstlich hergestelltes Gift, das sich außen auf Lebensmitteln befinden kann, z. B. auf Erdbeeren und Zitronen
17.015

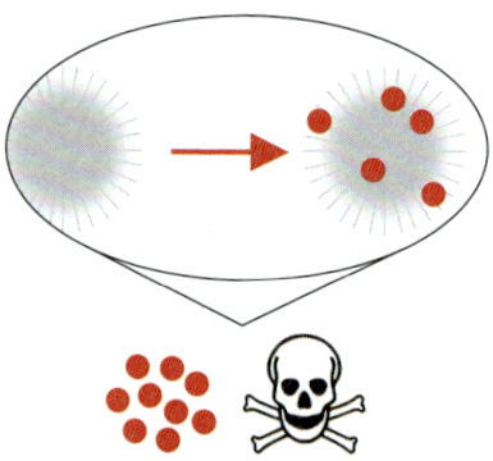

das **Mykotoxin**
My·ko·to·xin <-e>
ein Gift; wird von **Schimmelpilzen** produziert und ist sehr gefährlich für Menschen und Tiere
17.016

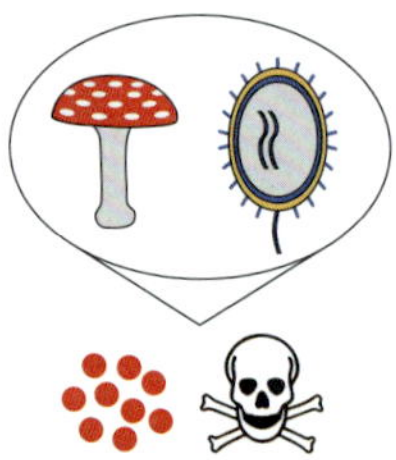

das **Toxin**
To·xin <-e>
der Name für alle Gifte, die von **Organismen** (z. B. von Tieren, Pflanzen, Pilzen oder **Bakterien**) produziert werden
17.017

die **Hygiene**
Hy·gi·e·ne *kein Plural*
hier: alle Tätigkeiten zum Saubermachen und Sauberhalten von Arbeitsplatz und Arbeitsgeräten
17.018

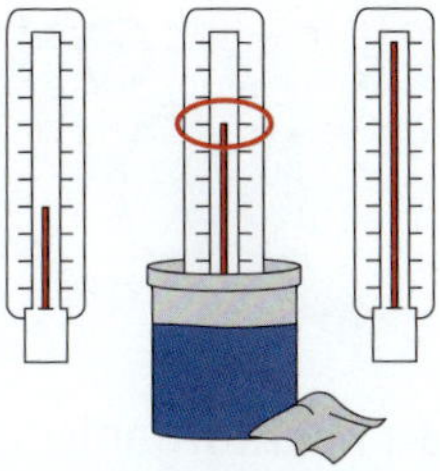

die Anwendungstemperatur
An·wen·dungs·tem·pe·ra·tur <-en>
hier: die Temperatur, bei der ein Mittel zum Putzen am besten wirkt
17.019

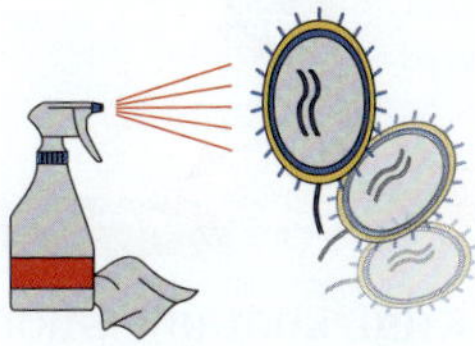

die Desinfektion
Des·in·fek·ti·on <-en>
sehr gründliches Putzen mit speziellen Mitteln, sodass **Krankheitserreger** nicht weiterleben können
17.020

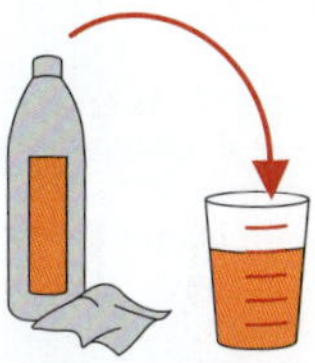

die Dosis
Do·sis <Dosen>
eine bestimmte Menge von etwas, z. B. von einem Putzmittel
17.021

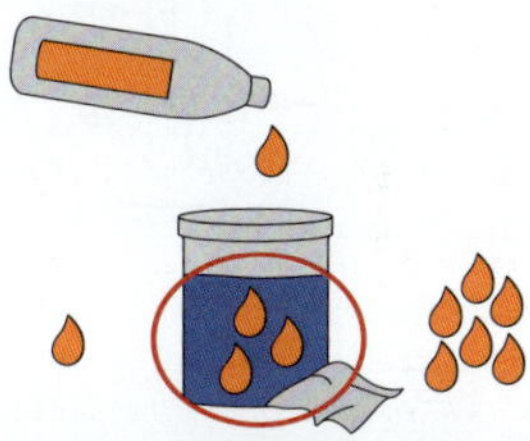

die Konzentration
Kon·zen·tra·ti·on <-en>
hier: die Menge eines Putzmittels, in der es am besten wirkt
17.022

der **Krankheitserreger**

Krank·heits·er·re·ger <-> *kurz* Erreger
ein **Mikroorganismus** oder Stoff, der eine Krankheit verursachen kann, z. B. **Bakterien**
auch Keim
17.023

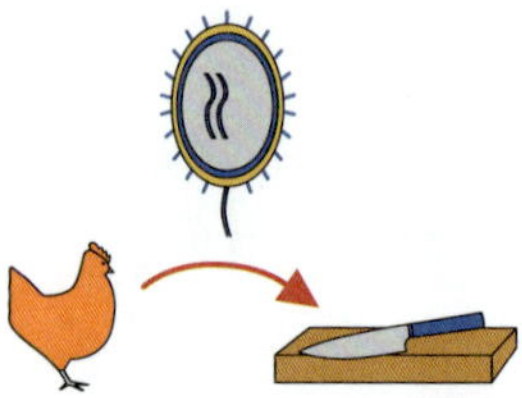

die Kreuzkontamination

Kreuz·kon·ta·mi·na·ti·on <-en>
hier: die Übertragung von **Krankheitserregern** von Lebensmitteln oder Gegenständen auf andere Lebensmittel oder Gegenstände, z. B. **Salmonellen** von Hühnerfleisch auf ein Messer
17.024

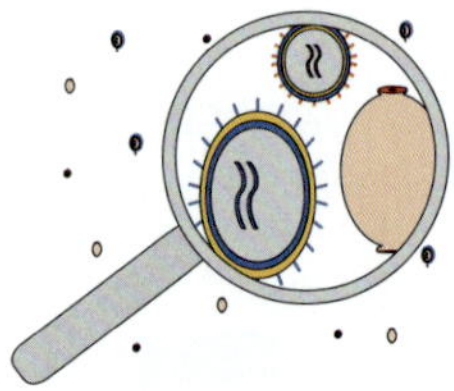

der Mikroorganismus

Mi·kro·or·ga·nis·mus <Mikroorganismen>
jede Art von sehr kleinen **Organismen**, die nur mit dem Auge nicht zu sehen sind, z. B. **Bakterien**
auch Mikrobe
17.025

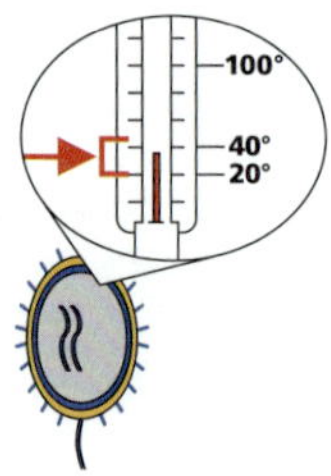

mesophile Mikrobe

me·so·phi·le Mi·kro·be
ein **Mikroorganismus**, der am besten bei Temperaturen zwischen 20° und 45° lebt, z. B. Hefe zum Backen
17.026

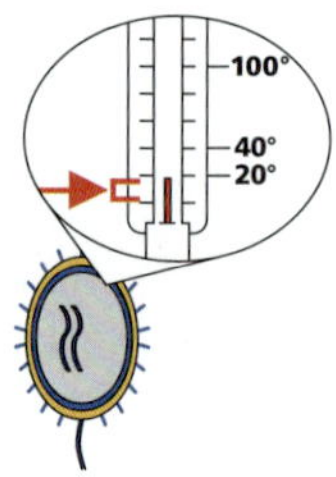

psychrophile Mikrobe

psy·chro·phi·le Mi·kro·be
ein **Mikroorganismus**, der auch bei niedrigen Temperaturen gut leben kann
auch Kühlschrankbakterie
17.027

der Organismus

Or·ga·nis·mus <Organismen>
ein Ausdruck aus der Biologie; etwas, das lebt und allein existieren kann, auch wenn man es nur mit dem Auge nicht sehen kann, z. B. **Bakterien**
17.028

Pilze

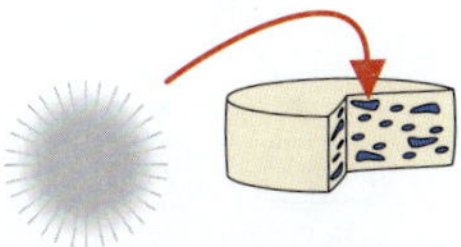

der Edelpilz
Edel·pilz <-e>
hier: ein nicht giftiger **Schimmelpilz**; gibt einigen Arten von Käse einen besonderen Geschmack, z. B. Roquefort
auch Edelschimmel
17.029

der Schimmelpilz
Schim·mel·pilz <-e>
hier: ein meistens schädlicher Pilz, der auf Lebensmitteln wächst, wenn sie nicht mehr gut sind, z. B. auf Brot, Obst oder Gemüse
17.030

Vermehrung

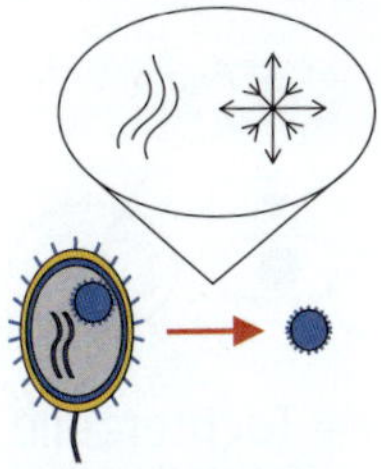

die Spore 1
Spo·re <-n>
ein bestimmter Zustand der Entwicklung von **Mikroorganismen**; wie ein Kern, der gebildet wird, um bei schlechten Bedingungen (Hitze, Kälte) weiter zu leben, z. B. bei **Bakterien**
17.031

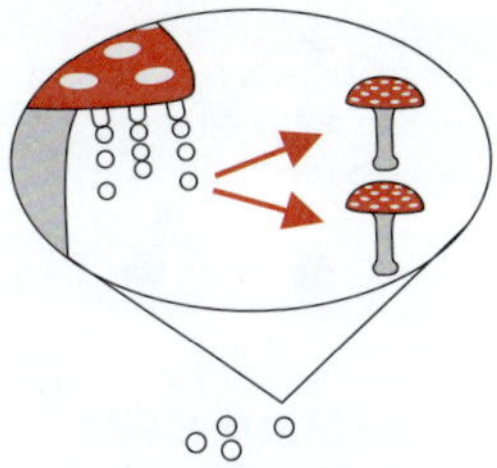

die Spore 2
Spo·re <-n>
ein sehr kleiner Teil von Pilzen und einigen Pflanzen, aus dem neue Pilze und Pflanzen entstehen
17.031

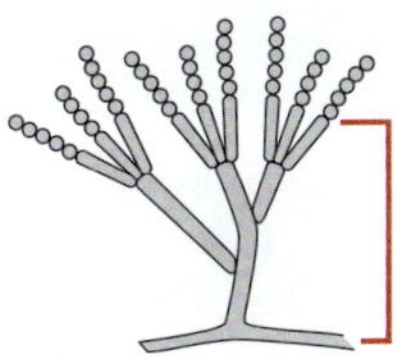

der Sporenträger
Spo·ren·trä·ger <->
der Teil eines Pilzes oder einer Pflanze, der die **Sporen** trägt
17.032

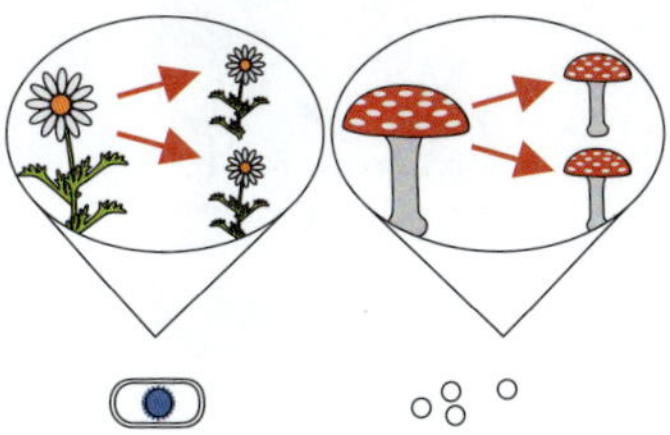

die Vermehrung
Ver·meh·rung <-en>
hier: die verschiedenen Arten, auf die aus einer Pflanze oder einem Pilz neue Pflanzen und Pilze entstehen
17.033

Zellteilung

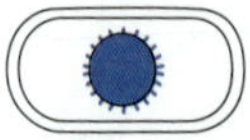

die **Zelle**
Zel·le <-n>
der kleinste lebende **Organismus**
17.034

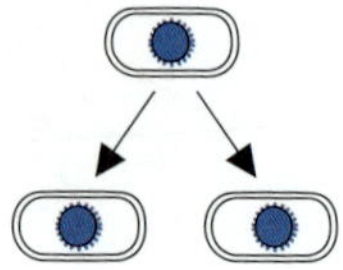

die **Zellteilung**
Zell·tei·lung <-en>
eine **Zelle** teilt sich; es entstehen zwei neue, selbstständige **Zellen**
17.035

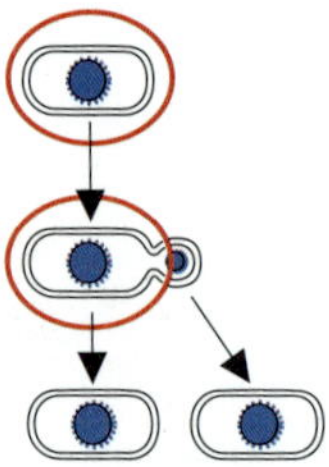

die **Mutterzelle**
Mut·ter·zel·le <-n>
die erste **Zelle**, die sich teilt, so dass neue **Zellen** entstehen
17.036

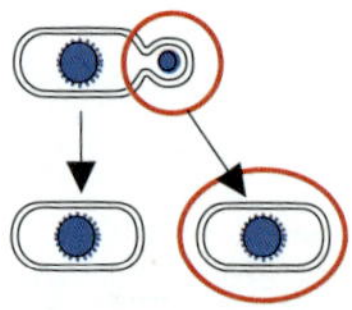

die **Tochterzelle**
Toch·ter·zel·le <-n>
eine der **Zellen**, die beim Teilen der **Mutterzelle** entstehen
17.037

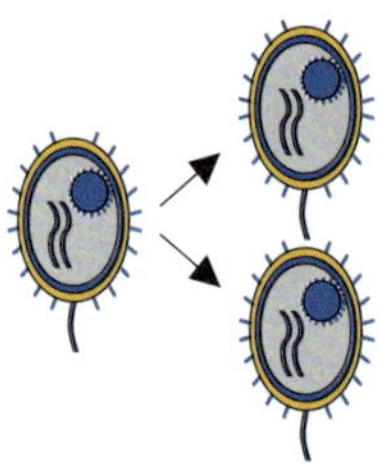

die **Sprossung**
Spros·sung <-en>
hier: die Teilung von **Zellen**, z. B. bei **Bakterien**, um neue **Zellen** zu bilden
auch Knospung, Gemmatio
17.038

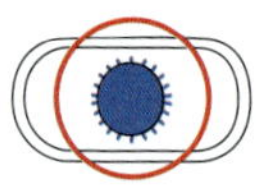

der **Zellkern**
Zell·kern <-e>
der wichtigste Teil der **Zelle**; befindet sich innerhalb der **Zelle**, wie ein Kern in einer Frucht
17.039

Krankheiten und Störungen

die **Beriberi**
Be·ri·be·ri *kein Plural*
eine Krankheit, die besonders die Muskeln sehr schwach macht; entsteht, wenn dem Körper ein bestimmtes Vitamin (B1) aus der Nahrung fehlt
18.001

die **Hypervitaminose**
Hy·per·vi·ta·mi·no·se <-n>
körperliche Schäden, die durch zu viele Vitamine entstehen, z. B. Kopfschmerzen
18.002

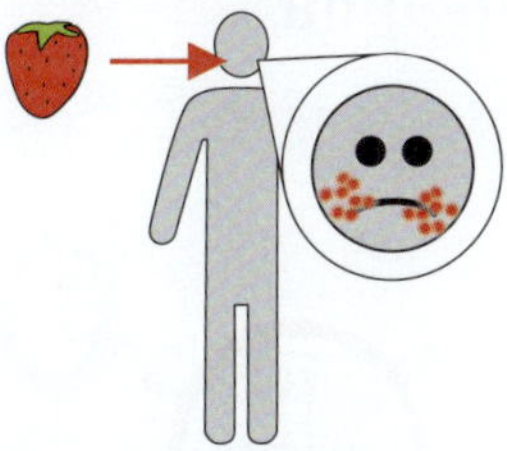

die **Lebensmittelallergie**
Le·bens·mit·tel·al·ler·gie <-n>
eine Reaktion des Körpers auf bestimmte Stoffe in Lebensmitteln; ist manchmal sehr gefährlich und zeigt sich z. B. durch rote Flecken auf der Haut nach dem Essen von Erdbeeren
18.003

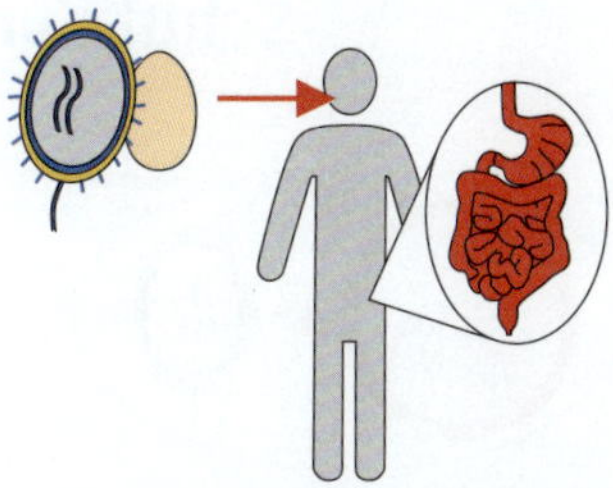

die **Lebensmittelinfektion**
Le·bens·mit·tel·in·fek·ti·on <-en>
eine Krankheit von Magen und/oder **Darm**; entsteht z. B. durch **Bakterien** und Viren in/auf Lebensmitteln
18.004

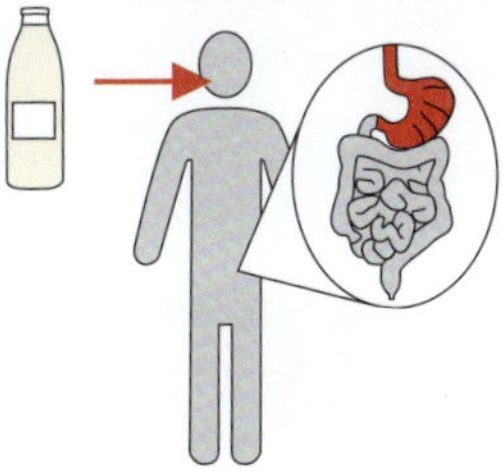

die **Lebensmittelintoleranz**
Le·bens·mit·tel·in·to·le·ranz <-en>
eine Störung im Körper (**Stoffwechsel**); bestimmte Lebensmittel führen zu unangenehmen Reaktionen, z. B. Magenschmerzen
auch Lebensmittelunverträglichkeit, Nahrungsmittelintoleranz, Nahrungsmittelunverträglichkeit
18.005

die **Mangelkrankheit**
Man·gel·krank·heit <-en>
eine Krankheit, die entsteht, wenn dem Körper wichtige Stoffe fehlen, z. B. Vitamine
18.006

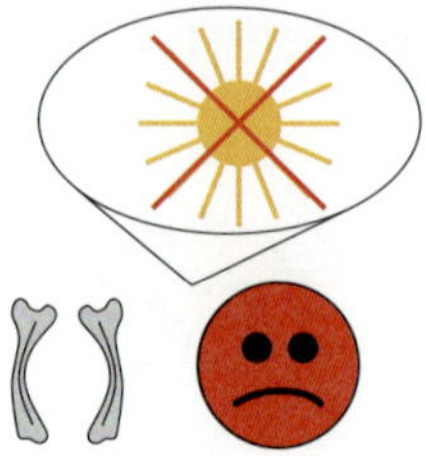

die **Rachitis**
Ra·chi·tis *kein Plural*
eine Krankheit der Knochen; entsteht bei Kindern, wenn im Körper nicht genug von einem bestimmten Vitamin (D) ist
auch Englische Krankheit
18.007

der **Skorbut**
Skor·but *kein Plural*
eine **Mangelkrankheit**, die im Mund beginnt, wenn dem Körper ein bestimmtes Vitamin (C) fehlt
18.008

Schutz und Wundheilung

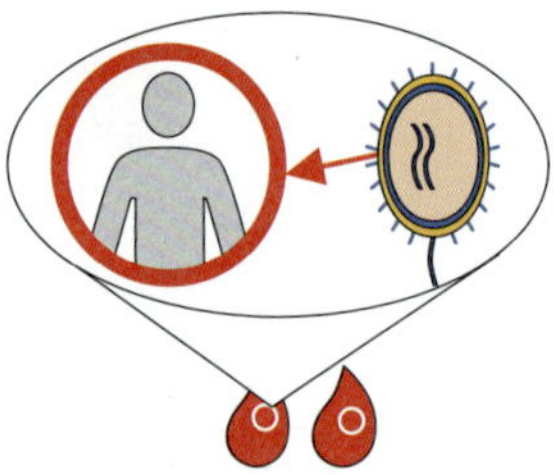

der **Antikörper**
An·ti·kör·per <->
ein **Organismus** im Blut zum Schutz vor Infektionen oder Krankheiten
18.009

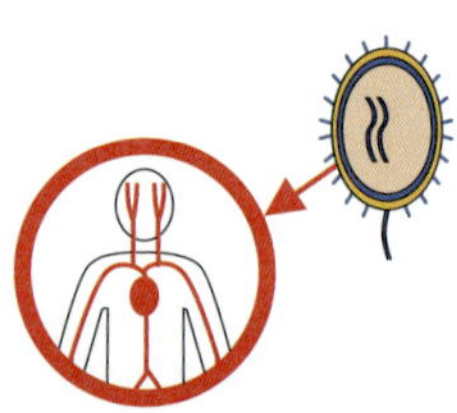

das **Immunsystem**
Im·mun·sys·tem <-e>
ein System im Körper, das vor Krankheiten und Infektionen schützt
18.010

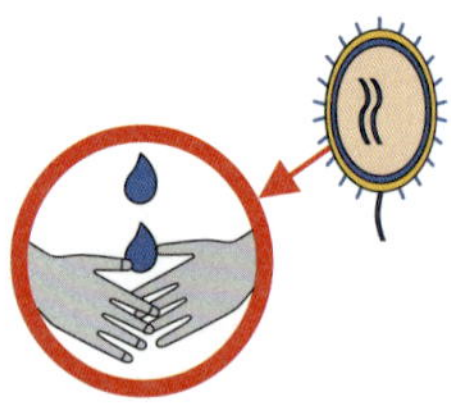

der **Infektionsschutz**
In·fek·ti·ons·schutz *kein Plural*
alles, was man tun kann, um sich vor Infektionen zu schützen; z. B. oft die Hände waschen
18.011

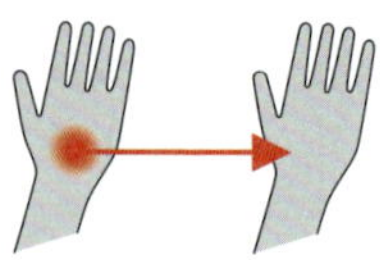

die **Wundheilung**
Wund·hei·lung <-en>
das, was geschieht, wenn eine Wunde sich schließt und die verletzte Stelle wieder gesund wird
18.012

das **Symptom**
Symp·tom <-e>
hier: ein Zeichen des Körpers als Reaktion auf etwas; zeigt, dass jemand krank ist oder wird
auch Krankheitsanzeichen
18.013

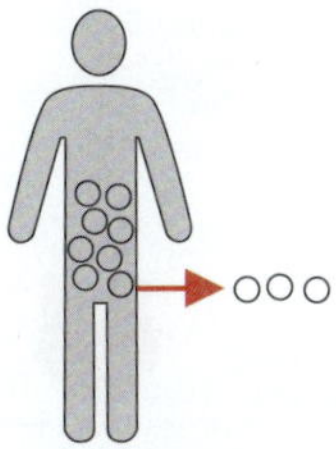

die **Blähung**
Blä·hung <-en>
zu viel Luft/Gas in Magen und **Darm**
18.014

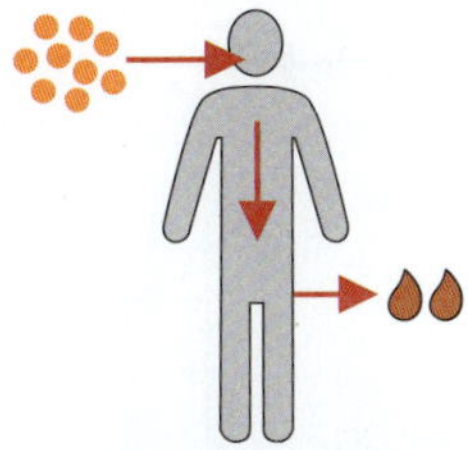

der **Durchfall**
Durch·fall <Durchfälle>
häufige, dünne oder flüssige **Ausscheidung** des **Darm**inhaltes
18.015

die **Entzündung**
Ent·zün·dung <-en>
hier: eine Reaktion des Körpers auf schädliche Stoffe wie z. B. **Bakterien** im Essen; kann im Körper und auf der Haut entstehen
18.016

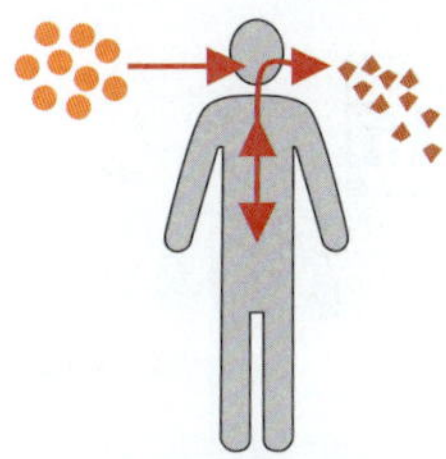

erbrechen
er·bre·chen
<erbricht, erbrach, hat erbrochen>
(bei **Übelkeit**) den Magen durch den Mund leeren
auch sich übergeben
18.017

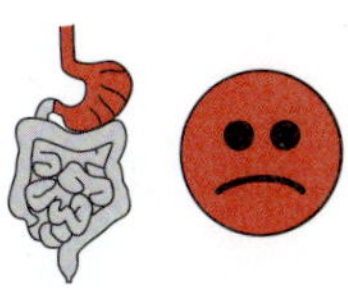

die **Übelkeit**
Übel·keit <-en>
das Gefühl, dass es dem Magen schlecht geht und man **erbrechen** muss
auch Übelsein
18.018

die **Verdauung**

Ver·dau·ung *kein Plural*
das, was geschieht, während Lebensmittel nach dem Essen im Körper bis zur **Ausscheidung** verändert und verwendet werden
18.019

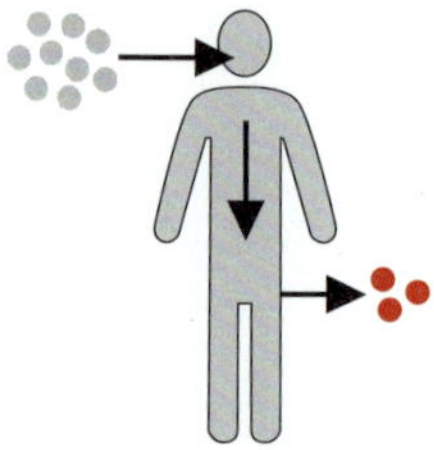

die **Ausscheidung**
Aus·schei·dung <-en>
hier: das, was vom Körper nicht verwendet wird und den Körper durch den **Darm** wieder verlässt
auch Kot, Stuhl, Stuhlgang
18.020

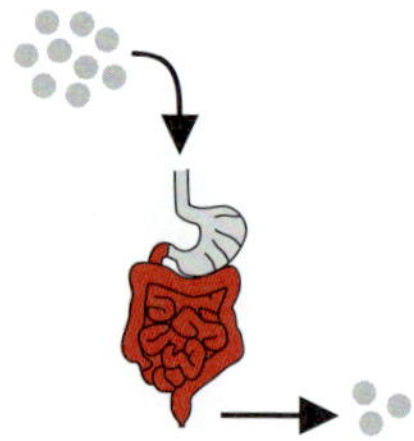

der **Darm**
Darm <Därme>
wichtiger Teil im Körper; befindet sich am Magen und wird für die **Verdauung** gebraucht
18.021

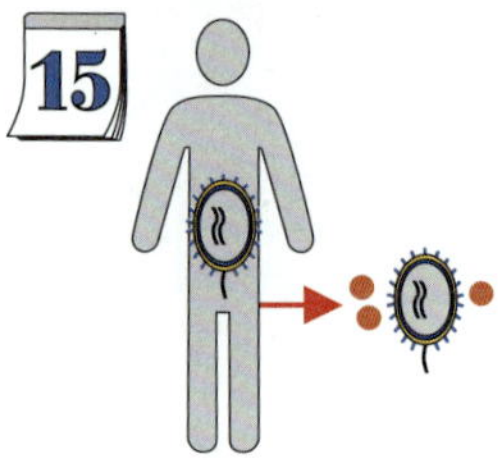

der **Dauerausscheider**
Dau·er·aus·schei·der <->
eine Person, die nach 10 Wochen noch immer **Erreger** einer Krankheit in sich und ihren **Ausscheidungen** hat
18.022

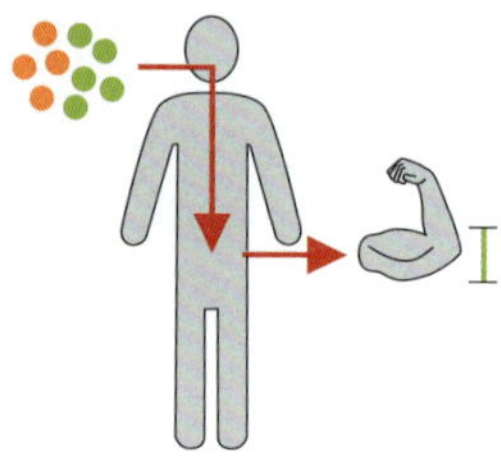

verbrennbar
ver·brenn·bar
hier: so sind Teile von Lebensmitteln, die der Körper verwenden kann
18.023

schneiden und stechen

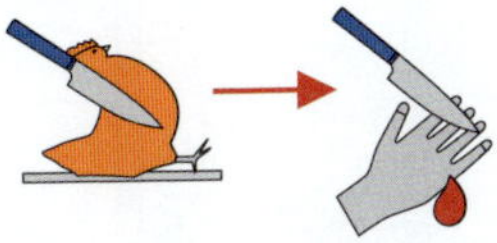

das **ausrutschende Messer**
aus·rut·schen·de Mes·ser
die Situation, wenn das Messer nicht an der gewollten Stelle (z. B. das Fleisch) schneidet, sondern ohne Absicht an einer anderen Stelle (z. B. in die Hand)
19.001

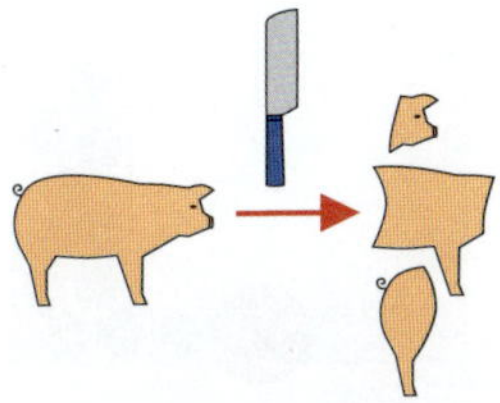

die **Fleischzerlegung**
Fleisch·zer·le·gung <-en>
das Teilen eines großen Stückes Fleisch in kleinere Portionen
19.002

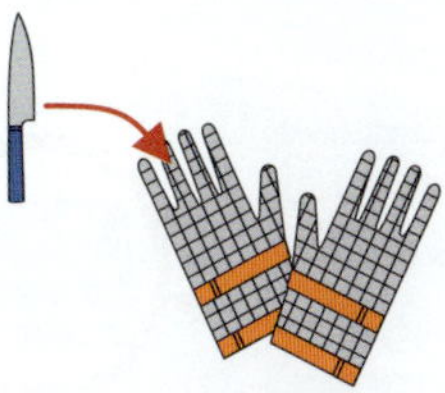

der **Stechschutzhandschuh**
Stech·schutz·hand·schuh <-e>
ein Schutz vor Verletzungen für die Hände; wird meist aus feinem Metall oder Kunststoff hergestellt
auch Schnittschutzhandschuh, Sicherheitshandschuh
19.003

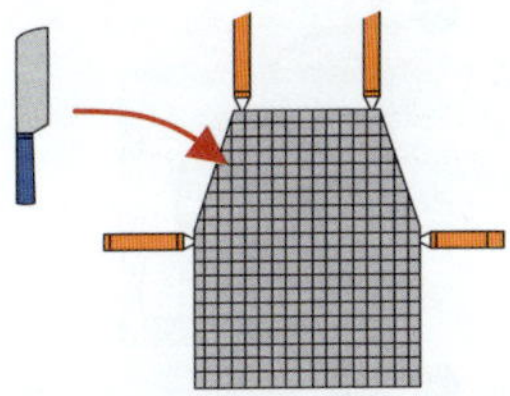

die **Stechschutzschürze**
Stech·schutz·schür·ze <-n>
ein Kleidungsstück aus feinem Metall, das vor Verletzungen bei der Arbeit mit großen Messern schützt
19.004

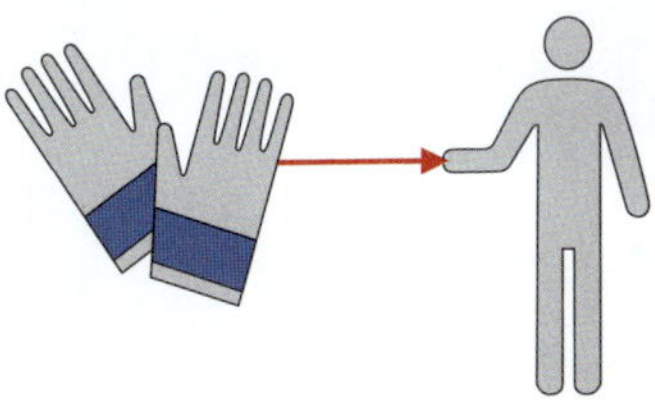

vorbeugen
vor·beu·gen
<beugt vor, beugte vor, hat vorgebeugt>
hier: das Risiko von Verletzungen durch richtige Kleidung gering halten, z. B. **Schutzhandschuhe** anziehen
19.005

Strom

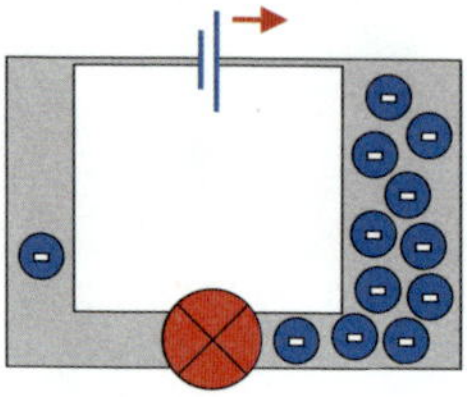

die **Fehlspannung**
Fehl·span·nung <-en>
eine zu hohe oder zu geringe Menge an fließendem Strom, z. B. durch einen Schaden am Gerät
19.006

der **Isolationsfehler**
Iso·la·ti·ons·feh·ler <->
ein Schaden an einem Gerät oder Kabel, der zu direktem Kontakt mit Strom führt
19.007

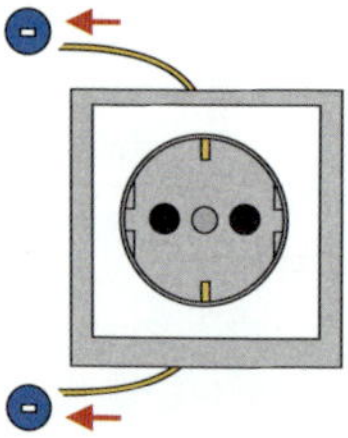

die **Schuko-Steckdose**
Schu·ko-Steck·do·se <-n>
lang Schutzkontaktsteckdose
eine Steckdose mit einem speziellen Sicherheitssystem, das vor Verletzungen durch Strom schützt
19.008

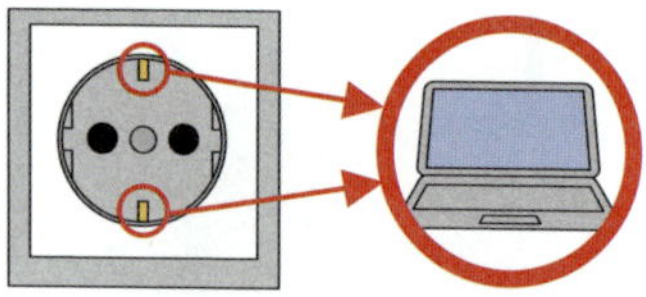

der **Schutzkontakt**
Schutz·kon·takt <-e>
der Teil einer **Steckvorrichtung**, der den Kontakt eines elektrischen Gerätes mit dem **Schutzleiter** möglich macht
19.009

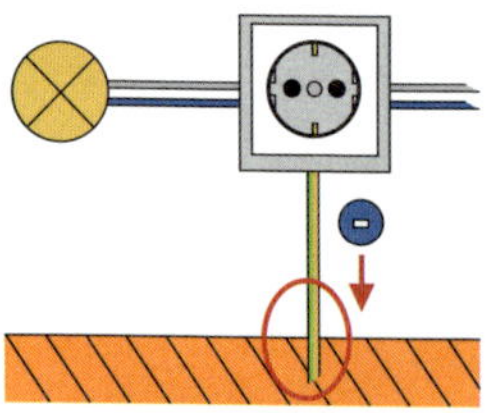

der **Schutzleiter**
Schutz·lei·ter <->
ein Teil eines Kabels aus Metall, der Strom in die Erde leitet, wenn er zu viel und damit gefährlich wird
19.010

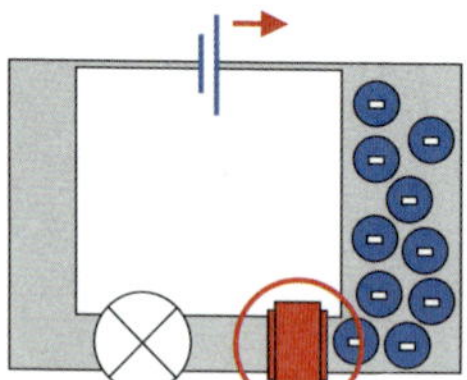

die **Sicherung**
Si·che·rung <-en>
hier: ein kleines Teil, das den Strom unterbricht, bevor zu viel Strom fließt
19.011

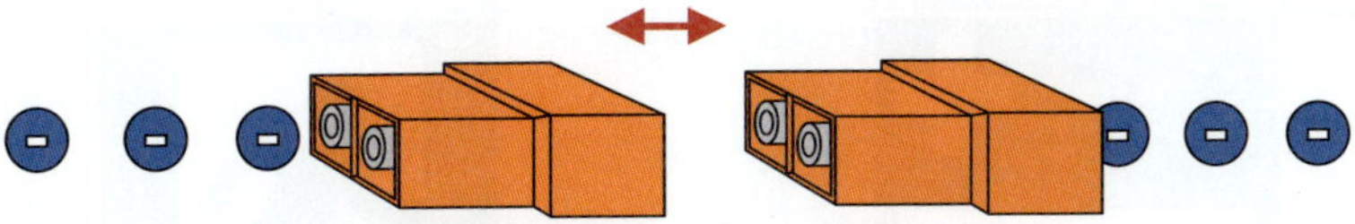

die **Steckvorrichtung**

Steck·vor·rich·tung <-en>

zwei Teile, von denen eines in das andere passt und die ohne Gefahr getrennt werden dürfen, z. B. Steckdose und Stecker

19.012

das **Zeichen**

Zei·chen <->

hier: ein Hinweis, eine wichtige Information; befindet sich oft auf Schildern oder geklebt auf elektrischen Maschinen

19.013

Erste Hilfe und Rettung

Ers·te Hil·fe und Ret·tung

Soforthilfe bei Verletzung und Krankheit

19.014

der **Rettungsweg**

Ret·tungs·weg <-e>

der Weg zum nächsten **Notausgang**

auch Fluchtweg

19.015

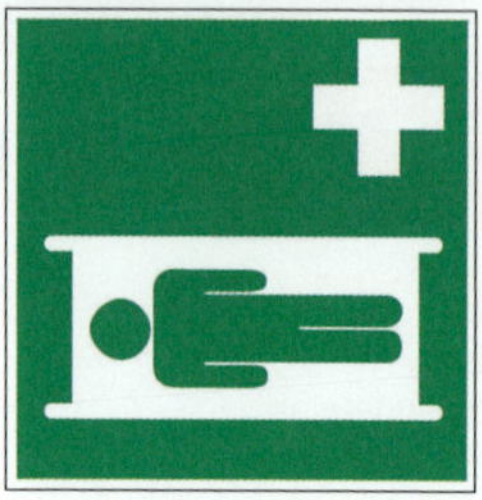

die **Krankentrage**
Kran·ken·tra·ge <-n>
eine Hilfe (Hilfsmittel), um kranke oder verletzte Personen zu transportieren
19.016

der **Notausgang**
Not·aus·gang <Notausgänge>
ein spezieller Ausgang für schnelle Flucht bei Gefahr
19.017

der **Feuerlöscher**
Feu·er·lö·scher <->
ein Gerät, mit dem man Feuer löschen kann
19.018

das **Gebotszeichen**

Ge·bots·zei·chen <->
ein rundes, blaues Schild; das weiße Bild zeigt, was beachtet werden muss
19.019

der Augenschutz
Au·gen·schutz <-e>
Gefahr für die Augen!
Eine Schutzbrille ist Pflicht
19.020

der Fußschutz
Fuß·schutz <-e>
Gefahr für die Füße!
Sichere, feste Schuhe sind Pflicht
19.021

der Gehörschutz
Ge·hör·schutz <-e>
Gefahr für die Ohren! Lauter Bereich!
Ohren schützen!
19.022

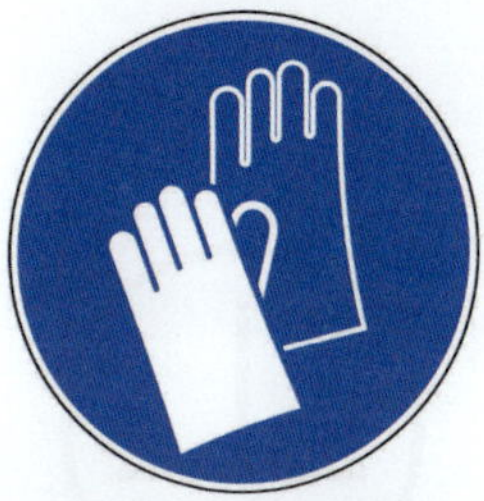

der Handschutz
Hand·schutz <-e>
Gefahr für Haut und Hände!
Schutzhandschuhe sind Pflicht
19.023

das Kenn- und Prüfzeichen

Kenn- und Prüf·zei·chen <->
ein Schild oder Hinweis darauf, dass ein Gerät oder eine Maschine von Fachleuten geprüft ist und sicher funktioniert
19.024

das Hochspannungsteil eines Gerätes

Hoch·span·nungs·teil ei·nes Ge·rä·tes
der Teil eines Gerätes, durch den gefährlich viel Strom fließt
19.025

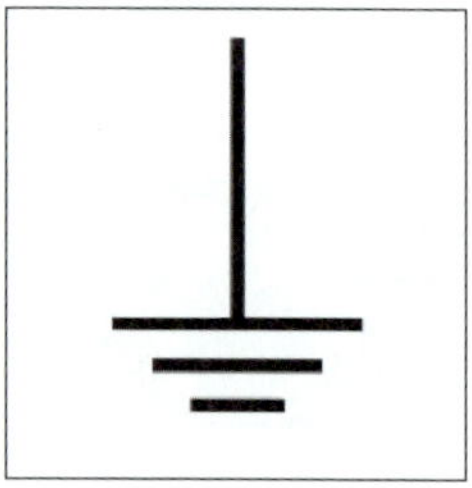

die Anschlussstelle für Betriebserdung

An·schluss·stel·le für Be·triebs·er·dung
die Stelle, an der zu hoher elektrischer Strom von elektrischen Geräten, Schaltern oder Kabeln auf dem kürzesten Weg in die Erde geleitet werden kann
19.026

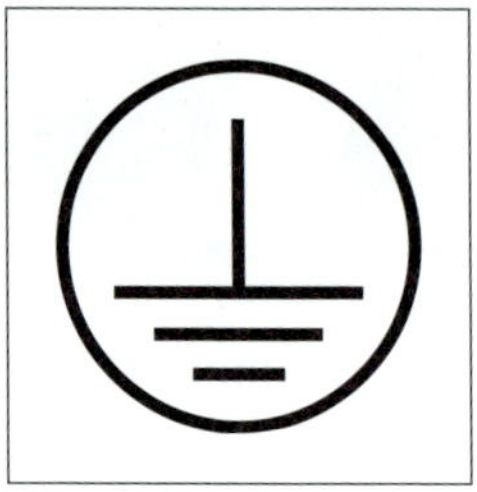

die Schutzklasse I

Schutz·klas·se I
festgelegte Maßnahmen zum Schutz des Menschen vor zu viel Strom; z. B. zu viel Strom muss in die Erde geleitet werden
19.027

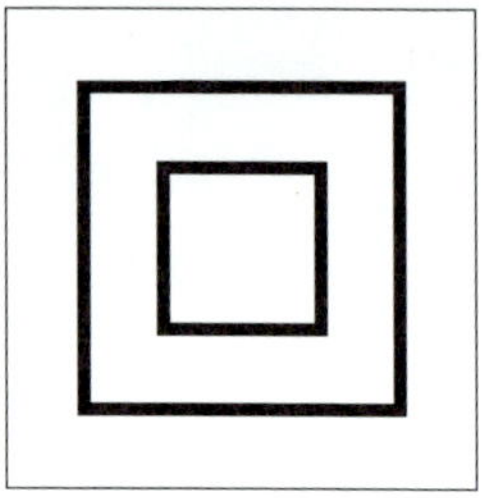

die Schutzklasse II

Schutz·klas·se II
festgelegte Maßnahmen zum Schutz des Menschen vor zu viel Strom; z. B. sichere Kabel für Geräteteile, die mit Strom funktionieren
19.028

Verbotszeichen

Feuer, offenes Licht und Rauchen verboten

Feu·er, of·fe·nes Licht und Rau·chen ver·bo·ten
alles, was brennt, ist verboten,
z. B. Kerzen, Zigaretten
19.029

Kein Trinkwasser

Kein Trink·was·ser
dieses Wasser darf man nicht trinken
19.030

Mit Wasser löschen verboten

Mit Was·ser lö·schen ver·bo·ten
nicht mit Wasser löschen,
wenn es brennt
19.031

Rauchen verboten

Rau·chen ver·bo·ten
hier darf nicht geraucht werden
19.032

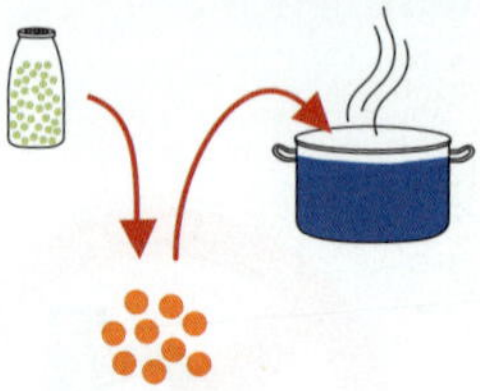

bearbeiten

be·ar·bei·ten
<bearbeitet, bearbeitete, hat bearbeitet>
hier: ein Lebensmittel verändern, z. B. ein Gewürz dazugeben oder es auf spezielle Weise **garen**
20.001

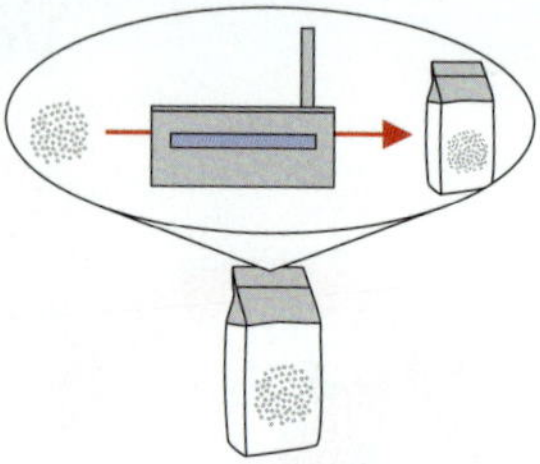

die Fertigpackung

Fer·tig·pa·ckung <-en>
ein Lebensmittel, das vom Hersteller verpackt wird und z. B. in geschlossenen Tüten oder Schachteln verkauft wird
20.002

verarbeiten

ver·ar·bei·ten
<verarbeitet, verarbeitete, hat verarbeitet>
hier: ein Lebensmittel so verwenden, dass gemeinsam mit anderen Stoffen ein neues/anderes Lebensmittel entsteht, z. B. Mehl wird zu Brot
20.003

geschützte Bezeichnung

ge·schütz·te Be·zeich·nung
hier: ein Name für ein Lebensmittel, den der Hersteller nur benutzen darf, wenn es bestimmte Voraussetzungen erfüllt; z. B. Thüringer Rotwurst muss komplett in Thüringen hergestellt werden
20.004

garantiert traditionelle Spezialität

ga·ran·tiert tra·di·ti·o·nel·le Spe·zi·a·li·tät
kurz g. t. S.
geschützte Bezeichnung für Lebensmittel, die auf traditionelle Art oder mit traditionellen Zutaten hergestellt werden, z. B. Mozzarella
20.005

die Gattungsbezeichnung

Gat·tungs·be·zeich·nung <-en>
hier: ein Name für ein Produkt, der sehr bekannt, aber nicht geschützt ist, z. B. Schweizer Wurstsalat
auch Gattungsname
20.006

geschützte geografische Angabe

ge·schütz·te geo·gra·fi·sche An·ga·be
kurz g. g. A.
geschützte Bezeichnung für Lebensmittel, die zumindest zum Teil in der Stadt oder Region verarbeitet wurden; z. B. Schwarzwälder Schinken
20.007

geschützte Ursprungsbezeichnung

ge·schütz·te Ur·sprungs·be·zeich·nung *kurz* g. U.
geschützte Bezeichnung für Lebensmittel, die in einer bestimmten Region hergestellt und verarbeitet wurden; z. B. Allgäuer Emmentaler
20.008

Gesetze, Vorschriften, Leitsätze

das **Fleischhygienegesetz**
Fleisch·hy·gi·e·ne·ge·setz <-e> *kurz* FHG
ein Gesetz, das regelt, wie **Schlachtfleisch** untersucht werden muss, bevor es verarbeitet und verkauft werden darf; hieß früher Fleischbeschaugesetz
20.009

das **Lebensmittel- und Futtermittelgesetzbuch**
Le·bens·mit·tel- und Fut·ter·mit·tel·ge·setz·buch
kurz LFGB
mehrere Gesetze zum Schutz der Verbraucher vor falschen Angaben und vor schädlichen Lebensmitteln und Kosmetik
20.010

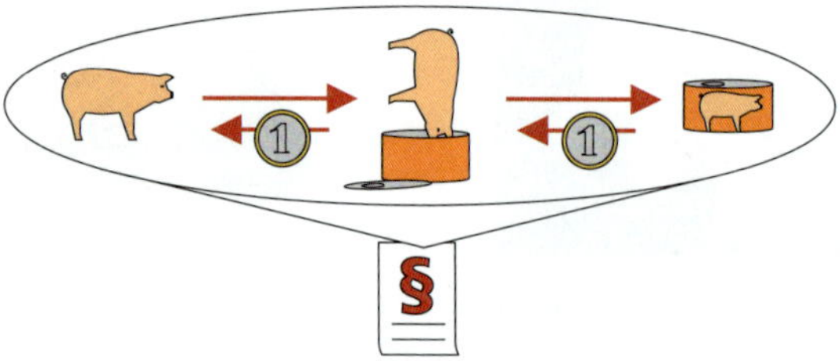

Leitsätze für Fleisch und Fleischerzeugnisse
Leit·sät·ze für Fleisch und Fleisch·er·zeug·nis·se
die Beschreibung, wie Tiere und Tierprodukte gekauft, verarbeitet und wieder verkauft werden sollen
20.011

das **Milch- und Fettgesetz**
Milch- und Fett·ge·setz
lang Gesetz über den Verkehr mit Milch, Milcherzeugnissen und Fetten
ein Gesetz, das regelt, wie Milch und Milchprodukte verarbeitet werden müssen; hieß früher Milchgesetz
20.012

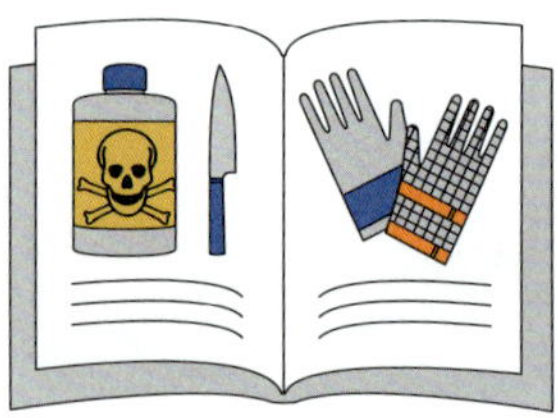

die **Unfallverhütung**
Un·fall·ver·hü·tung <-en>
eine Maßnahme oder Vorschrift, die verhindern soll, dass am Arbeitsplatz Unfälle passieren
20.013

die **Kennzeichnung von Lebensmitteln**

Kenn·zeich·nung von Le·bens·mit·teln
Pflichtangaben über alle Zutaten eines Lebensmittels
20.014

die Bezeichnung des Lebensmittels

Be·zeich·nung des Le·bens·mit·tels
die korrekten Namen von Lebensmitteln, für die es gesetzliche Vorschriften gibt; hieß früher Verkehrsbezeichnung
20.015

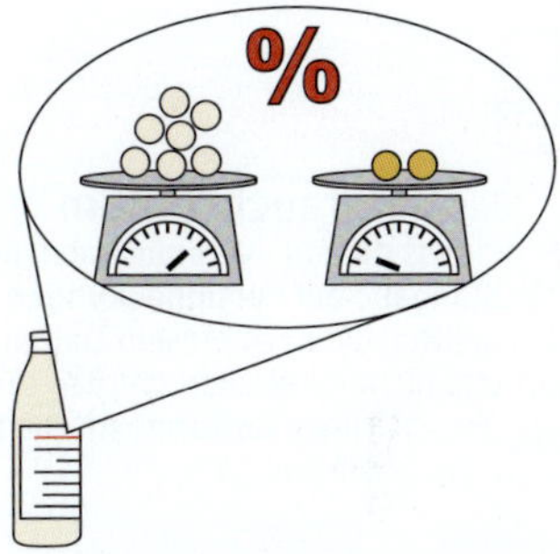

die Mengenkennzeichnung

Men·gen·kenn·zeich·nung
eine Pflichtangabe auf Lebensmitteln; die Mengen der einzelnen Zutaten oder Inhaltsstoffe müssen angegeben werden, zum Teil auch in Prozent
auch Quantitative Ingredients Declaration, QUID-Richtlinie
20.016

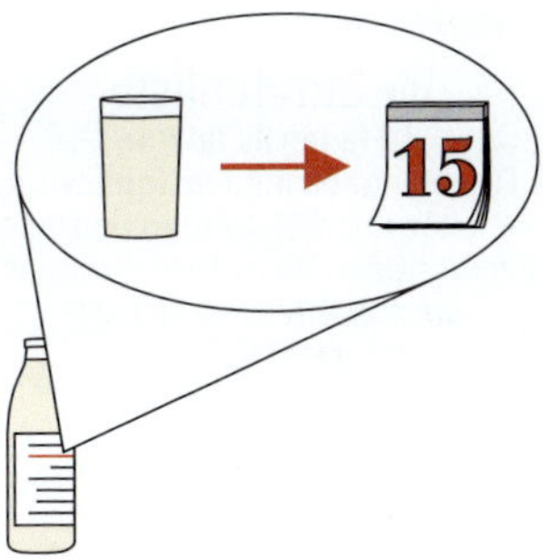

die Mindesthaltbarkeit

Min·dest·halt·bar·keit <-en>
eine Pflichtangabe, bis wann ein Lebensmittel auf jeden Fall konsumiert werden kann
20.017

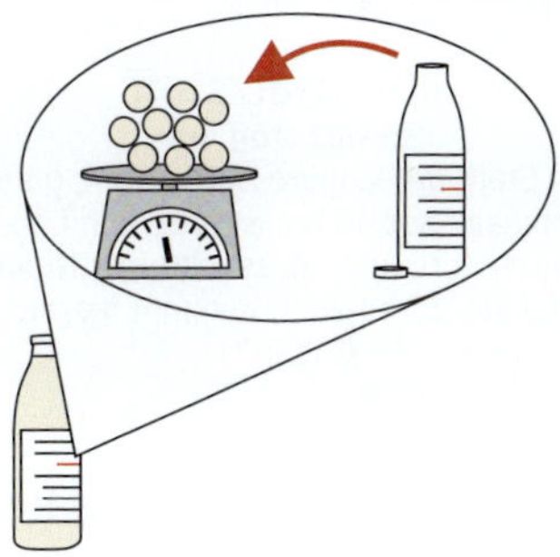

die Nettofüllmenge

Net·to·füll·men·ge <-n> *kurz* Füllmenge
eine Pflichtangabe auf Produkten; Gewicht ohne Verpackung
20.018

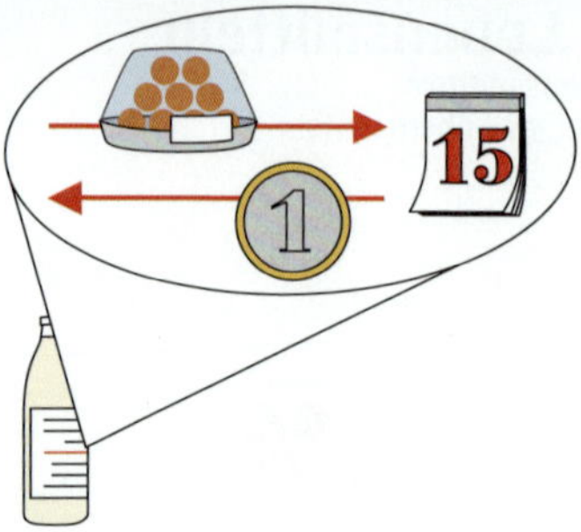

das **Verbrauchsdatum**
Ver·brauchs·da·tum <Verbrauchsdaten>
eine Pflichtangabe auf **Fertigpackungen** einiger Lebensmittel, die nach diesem Datum nicht verkauft und nicht verbraucht werden dürfen, z. B. Hackfleisch, rohes **Geflügel**, frische Milch
20.019

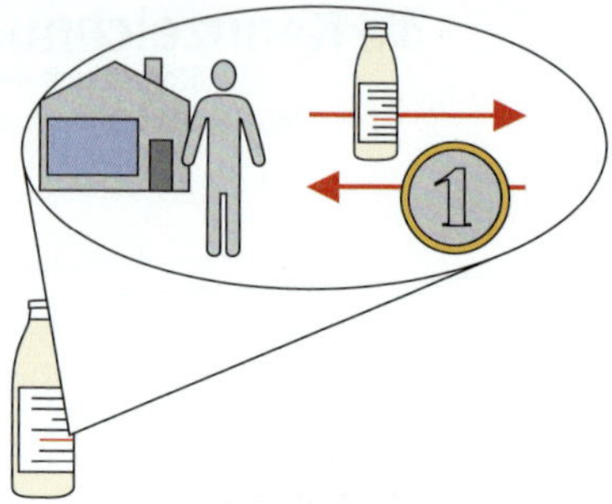

der **Vertreiber**
Ver·trei·ber <->
die **Vertreiberin**
Ver·trei·be·rin <-nen>
die Person oder Firma, die eine Ware anbietet und verkauft
20.020

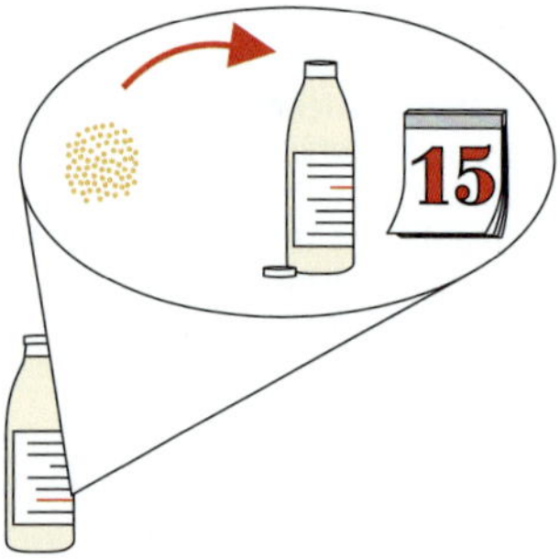

der **Zusatzstoff**
Zu·satz·stoff <-e>
ein Stoff, der längere Haltbarkeit, guten Geschmack oder schöne Farbe von Lebensmitteln unterstützt; muss mit einer Nummer, die mit „E" beginnt, genannt werden
20.021

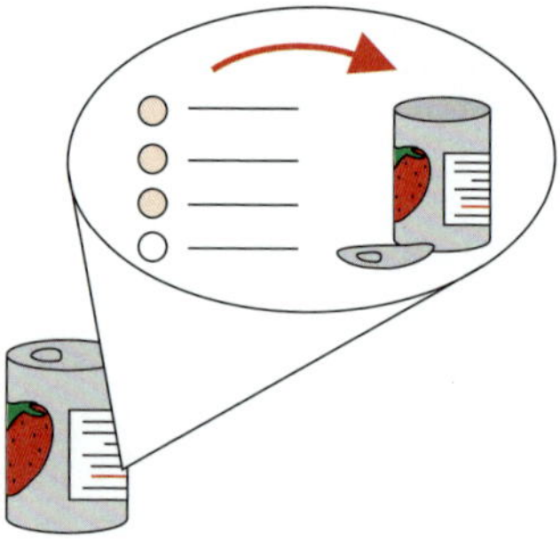

die **Zutatenliste**
Zu·ta·ten·lis·te <-n>
eine Pflichtangabe auf **Fertigpackungen**; eine Liste mit den Zutaten und/oder Inhaltsstoffen eines Lebensmittels
auch Zutatenverzeichnis
20.022

das **Siegel**
Sie·gel <->
hier: ein Kennzeichen für ein Lebensmittel,
das bestimmte Vorschriften erfüllt
20.023

das Bio-Siegel
Bio-Sie·gel <->
ein Kennzeichen für Lebensmittel,
die ökologisch hergestellt wurden
20.024

das EU-Bio-Logo
EU-Bio-Lo·go <-s>
ein Kennzeichen der EU für Lebensmittel,
die ökologisch hergestellt wurden
20.025

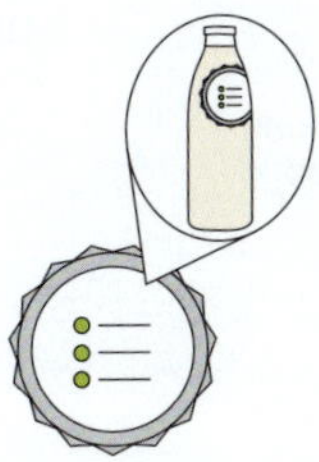

das Qualitätssiegel
Qua·li·täts·sie·gel <->
hier: ein Kennzeichen für ein Lebensmittel,
das bestimmte Qualitätsbedingungen erfüllt
auch Gütesiegel
20.026

die **Abfallentsorgung**
Ab·fall·ent·sor·gung *kein Plural*
alle Verfahren und Tätigkeiten, mit denen Abfall entsorgt wird
auch Abfallbeseitigung, Müllentsorgung, Müllbeseitigung
21.001

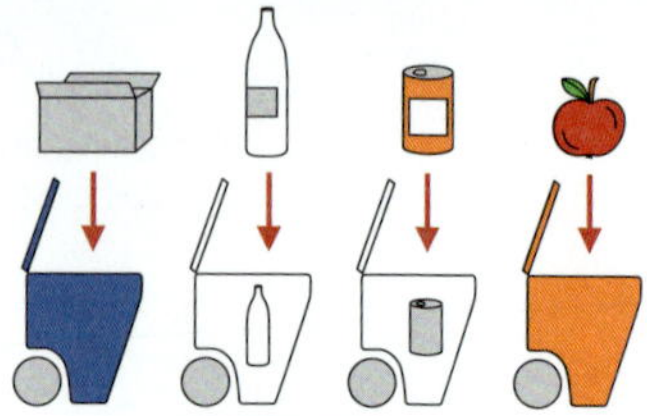

die **Mülltrennung**
Müll·tren·nung *kein Plural*
das Verwenden spezieller Mülltonnen für unterschiedlichen Abfall, z. B. für Papier, Glas, Metall
21.002

das **Recycling**
Re·cy·cling *kein Plural*
das Verwenden von Abfall zur Herstellung neuer Produkte, z. B. von altem Glas zur Herstellung von Flaschen
auch Wiederverwertung
21.003

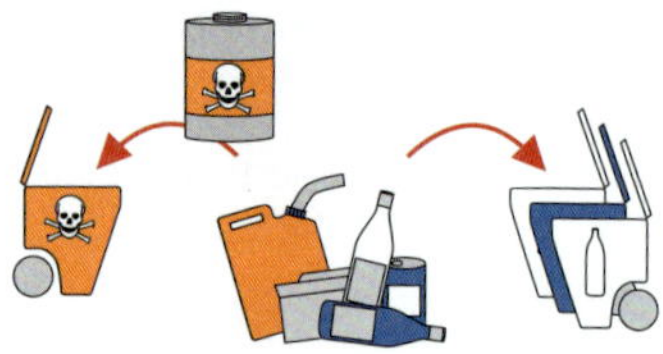

umweltgerechte Entsorgung
um·welt·ge·rech·te Ent·sor·gung
Abfallentsorgung ohne der Umwelt zu schaden
21.004

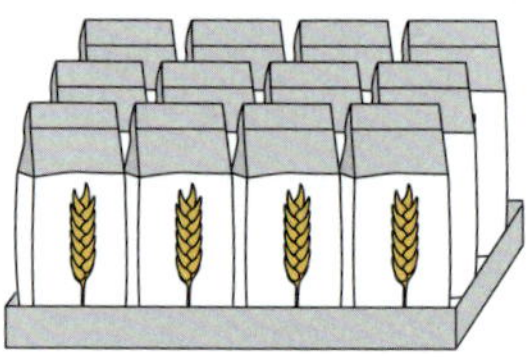

das **Großgebinde**
Groß·ge·bin·de <->
eine größere Menge einer oder mehrerer Waren, die als Ganzes verkauft, transportiert oder gelagert wird
21.005

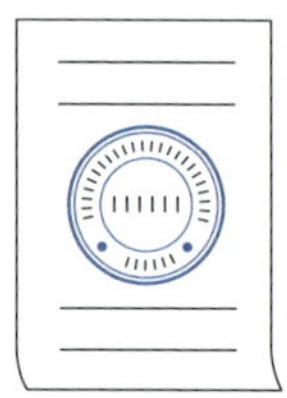

Hazard Analysis and Critical Control Points Concept
Ha·zard Ana·ly·sis and Cri·ti·cal Con·trol Points Con·cept
kurz HACCP Concept, HACCP-Konzept
ein Plan zur Vermeidung von Gesundheitsgefahren durch Lebensmittel
auch Gefahrenanalyse kritischer Lenkungspunkte
21.006

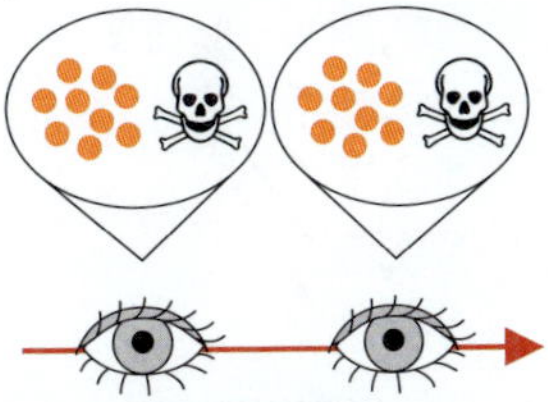

das **Monitoring**
Mo·ni·to·ring <-s>
hier: die Prüfung, ob in oder auf Lebensmitteln schädliche Stoffe vorkommen
21.007

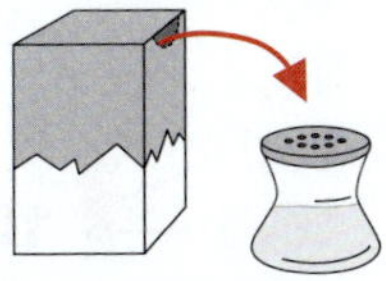

die **Nachfüllpackung**
Nach·füll·pa·ckung <-en>
ein Produkt in einfacher Verpackung, das nach dem Kauf in eine festere Verpackung von besserer Qualität gefüllt wird
21.008

die **Nachhaltigkeit**
Nach·hal·tig·keit *kein Plural*
eine Art, Produkte der Natur (z. B. Wasser, Getreide) zu nutzen, bei der nur so viel verbraucht wird, wie auch wieder neu wächst und entsteht
21.009

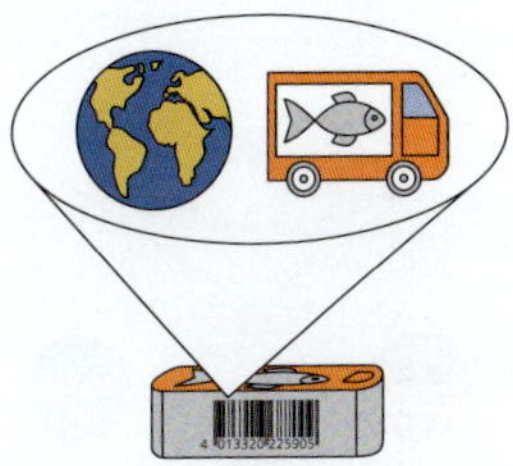

der **Rückverfolgungscode**
Rück·ver·fol·gungs·code <-s>
eine Reihe von Buchstaben, Zahlen oder Strichen auf einer **Fertigpackung**; enthält Informationen darüber, woher ein Lebensmittel kommt und wie alt es ist; im Internet kann es als Text gelesen werden
auch Rückverfolgbarkeitscode
21.010

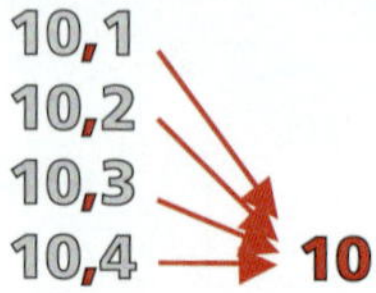

abrunden

ab·run·den

<rundet ab, rundete ab, hat abgerundet>

eine **Dezimalzahl** etwas kleiner machen, als sie eigentlich ist; wenn die Zahlen 1,2,3 oder 4 nach dem Komma stehen, werden sie zur nächsten ganzen Zahl reduziert

22.001

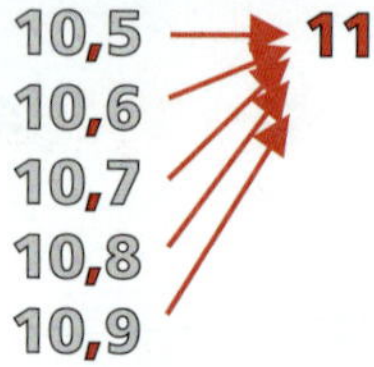

aufrunden

auf·run·den

<rundet auf, rundete auf, hat aufgerundet>

eine **Dezimalzahl** etwas größer machen, als sie eigentlich ist; wenn die Zahlen 5, 6, 7, 8 oder 9 nach dem Komma stehen, werden sie zur nächsten ganzen Zahl erhöht

22.002

abrechnen

ab·rech·nen

<rechnet ab, rechnete ab, hat abgerechnet>

hier: einem Gast die Rechnung für Speisen und Getränke geben und eventuell mit ihm besprechen

22.003

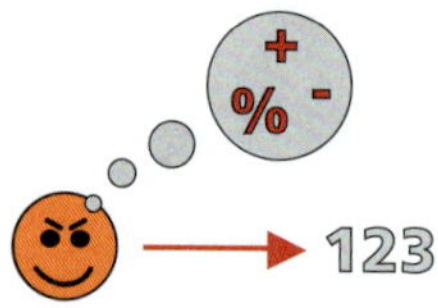

berechnen

be·rech·nen

<berechnet, berechnete, hat berechnet>

hier: eine Zahl durch Rechnen feststellen

22.004

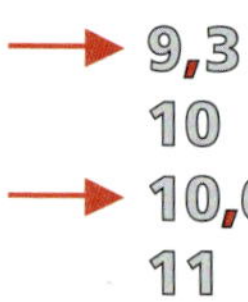

die Dezimalzahl

De·zi·mal·zahl <-en>

eine Zahl, die ein Komma hat

auch Kommazahl

22.005

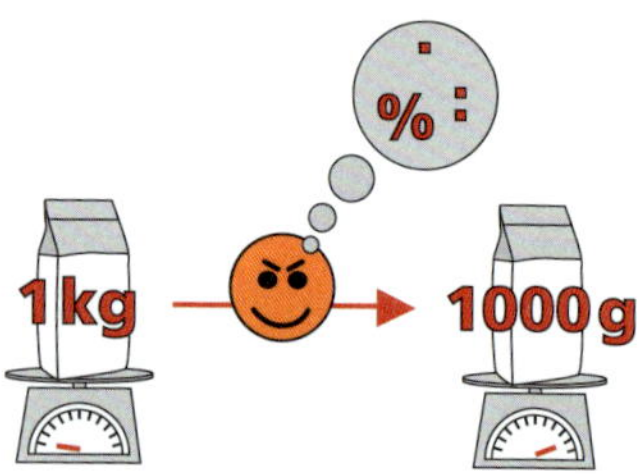

umrechnen

um·rech·nen

<rechnet um, rechnete um, hat umgerechnet>

durch Rechnen feststellen, wie viel etwas in einem anderen Maß ist oder wiegt, z. B. Gramm / Kilogramm

22.006

die **Kalkulation**
Kal·ku·la·ti·on <-en>
das **Berechnen** von Kosten, Preis und Gewinn
22.007

das Bruttogewicht
Brut·to·ge·wicht <-e>
das gesamte Gewicht von etwas inklusive der Verpackung
22.008

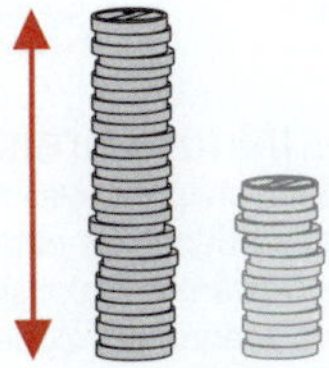

der Bruttolohn
Brut·to·lohn <Bruttolöhne>
der Betrag, den der Arbeitgeber dem Arbeitnehmer zahlt, inklusive Steuern und Versicherungen
22.009

das Nettogewicht
Net·to·ge·wicht <-e>
das Gewicht von etwas ohne **Gefäß** oder Verpackung
22.010

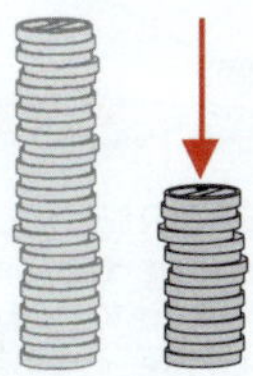

der Nettolohn
Net·to·lohn <Nettolöhne>
der Betrag, der vom Lohn übrig bleibt, nachdem Steuern, Versicherungen und andere Beiträge bezahlt sind
22.011

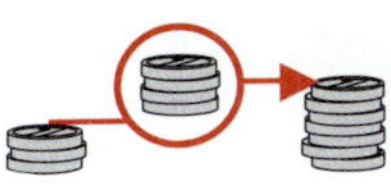

der Differenzbetrag
Dif·fe·renz·be·trag <Differenzbeträge>
die Summe, die den Unterschied zwischen zwei Geldbeträgen ausmacht
auch Unterschiedsbetrag
22.012

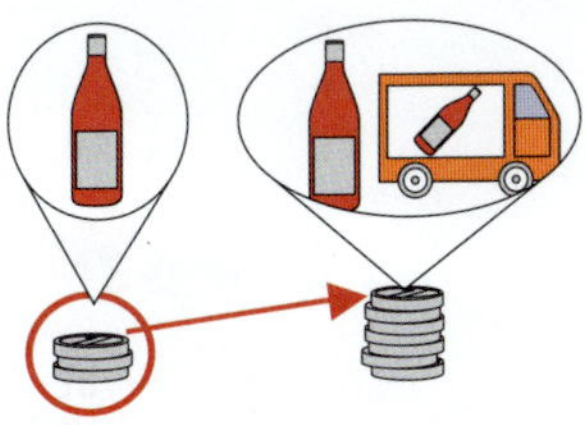

der Einstandspreis
Ein·stands·preis <-e>
der Preis einer Ware, zu dem noch andere Kosten kommen, z. B. für den Transport
22.013

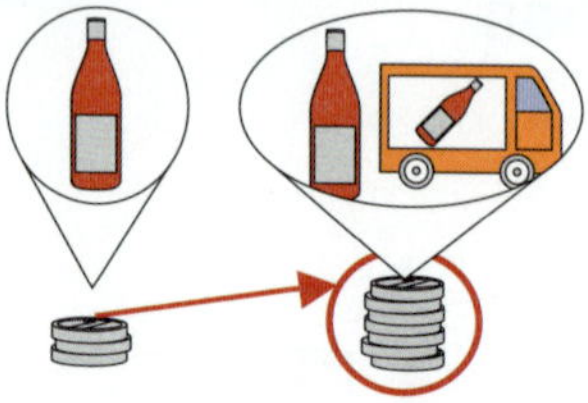

der **Inklusivpreis**
In·klu·siv·preis <-e>
hier: der endgültige Preis einer Speise oder eines Getränkes, inklusive aller Kosten für Material und Zubereitung
22.014

die **Gemeinkosten**
Ge·mein·kos·ten *nur Plural*
hier: die Kosten für das Personal und allgemeine Dinge, die zur Herstellung von Speisen und Getränken benötigt werden, z. B. Energie
22.015

der **Gesamtaufschlag**
Ge·samt·auf·schlag <Gesamtaufschläge>
alles, was für die **Kalkulation** des endgültigen Preises einer Speise oder eines Getränkes wichtig ist, z. B. Material, Energie, Personal, Gewinn
22.016

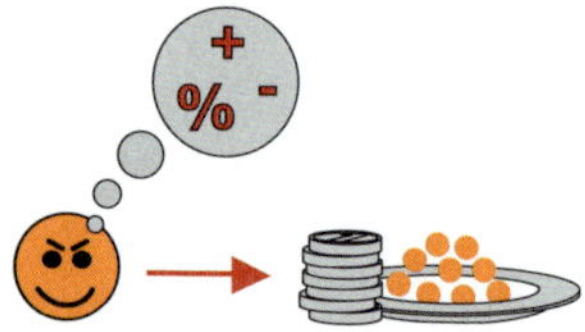

kalkulieren
kal·ku·lie·ren
<kalkuliert, kalkulierte, hat kalkuliert>
hier: rechnen, welche Kosten wahrscheinlich entstehen werden, z. B. für das Herstellen einer Speise
22.017

der **Kalkulationsfaktor**
Kal·ku·la·ti·ons·fak·tor <-en>
hier: die Zahl, mit der die Kosten für das Material **multipliziert** werden, sodass im endgültigen Preis für eine Speise oder ein Getränk alle Kosten und ein Gewinn enthalten sind
22.018

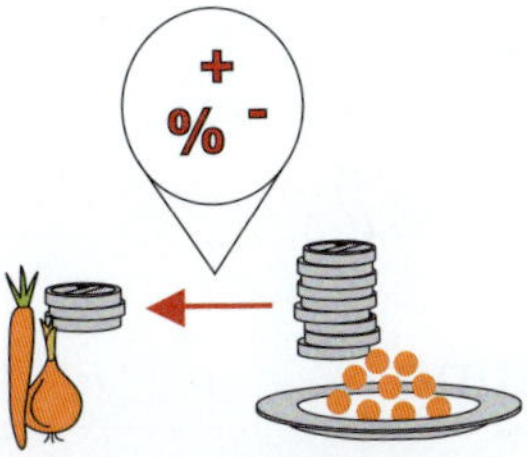

die **Rückkalkulation**
Rück·kal·ku·la·ti·on <-en>
lang Rückwärtskalkulation
hier: das Berechnen eines Angebotes oder festen Preises, indem vom Endpreis (**Inklusivpreis**) zurück zum Materialwert gerechnet wird
▶ 22.019

die **Zuschlagskalkulation**
Zu·schlags·kal·ku·la·ti·on <-en>
ein System, mit dem der passende Preis für eine Speise oder ein Getränk festgestellt wird; zu den Kosten für das Material werden z. B. die Kosten für Energie, Personal, Steuern und der Gewinn gerechnet
▶ 22.020

Menge

die **Grundmenge**
Grund·men·ge <-n>
die Menge der Materialien, die für eine Portion einer Speise benötigt werden, z. B. Eier, Obst, Flüssigkeiten
▶ 22.021

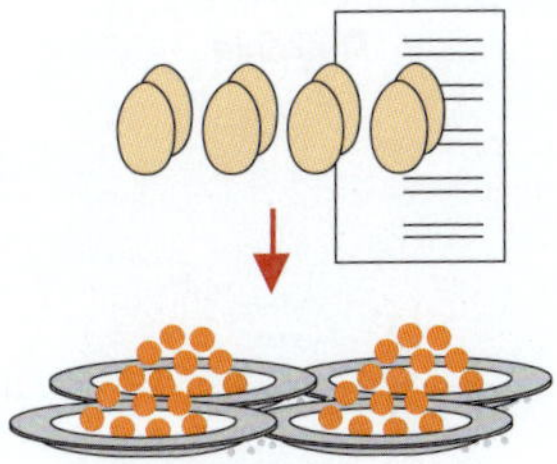

die **Rezeptmenge**
Re·zept·men·ge <-n>
die Menge einer Zutat, die in einem Rezept steht
▶ 22.022

$$3^2 = 3 \cdot 3 = 9$$

$$3^3 = 3 \cdot 3 \cdot 3 = 27$$

die **Potenzrechnung**
Po·tenz·rech·nung <-en>
eine Rechenart, bei der eine Zahl einmal oder öfter mit sich selbst **multipliziert** wird
22.023

$$3^2 = 3 \cdot 3 = 9$$

die **Basis**
Ba·sis <Basen>
hier: die Zahl, die mit sich selbst **multipliziert** wird
22.024

$$3^3 = 3 \cdot 3 \cdot 3 = 27$$

der **Exponent**
Ex·po·nent <-en>
eine kleine Zahl, die rechts oben neben der **Basis** steht und zeigt, wie oft die **Basis** mit sich selbst **multipliziert** wird
22.025

Rechenarten

$$4 + 4 = 8$$

Summand
+
Summand
=
Summe

die **Addition**
Ad·di·ti·on <-en>
mindestens zwei Zahlen werden zusammengezählt (addiert); die einzelnen Zahlen nennt man auch Summanden, das Ergebnis ist die Summe
22.026

$$\frac{8}{2} = 4$$

$$\frac{\textbf{Zähler}}{\textbf{Nenner}}$$

die **Bruchrechnung**
Bruch·rech·nung <-en>
eine Rechenart für das Teilen von einem Ganzen; die Zahl über dem Strich heißt Zähler, die untere Zahl heißt Nenner
22.027

8 : 2 = 4

Dividend
:
Divisor
=
Quotient

die **Division**
Di·vi·si·on <-en>
eine Zahl wird durch eine andere geteilt (dividiert); die Zahlen heißen auch Dividend und Divisor, das Ergebnis ist der Quotient
22.028

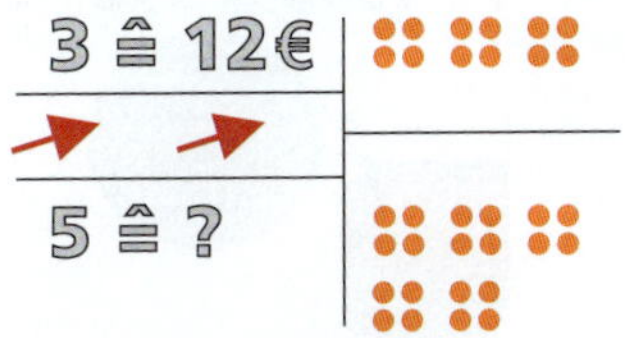

der **Dreisatz**
Drei·satz <Dreisätze>
lang Dreisatzrechnung
eine Rechenart, bei der mithilfe von drei bekannten Zahlen eine vierte Zahl **berechnet** wird
22.029

1 + 2 + 3 = 6

6 : 3 = 2

die **Durchschnittsrechnung**
Durch·schnitts·rech·nung <-en>
eine Art zu rechnen, bei der zuerst die Summe mehrerer Zahlen gebildet wird; danach wird die Summe durch die Anzahl dieser Zahlen geteilt
22.030

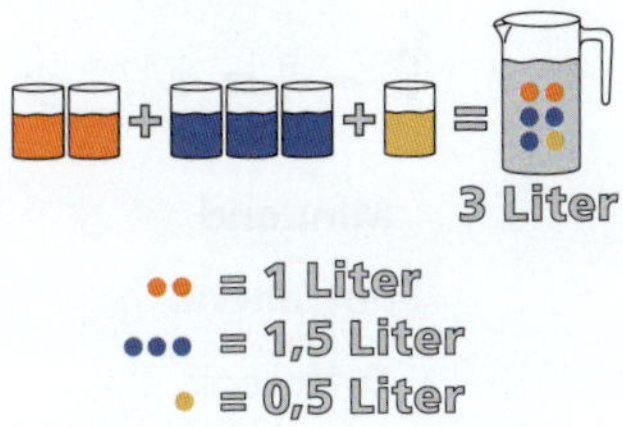

die **Mischungsrechnung**
Mi·schungs·rech·nung <-en>
eine Art zu rechnen, bei der erst mehrere Zahlen zusammengezählt (addiert) werden, danach wird die Aufgabe mit einem **Dreisatz** gelöst
22.031

2 · 4 = 8

Faktor
·
Faktor
=
Produkt

die **Multiplikation**
Mul·ti·pli·ka·ti·on <-en>
zwei oder mehrere Zahlen werden miteinander malgenommen (multipliziert); jede einzelne Zahl nennt man auch Faktor, das Ergebnis heißt Produkt
22.032

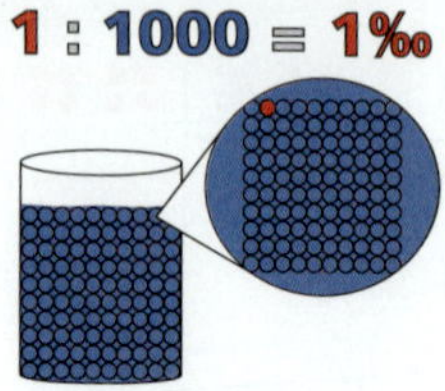

die **Promillerechnung**
Pro·mil·le·rech·nung <-en>
eine Art zu rechnen, mit der man das Verhältnis verschiedener Zahlen, Mengen und Größen zeigen kann; ein Promille ist der tausendste Teil von einem Ganzen
22.033

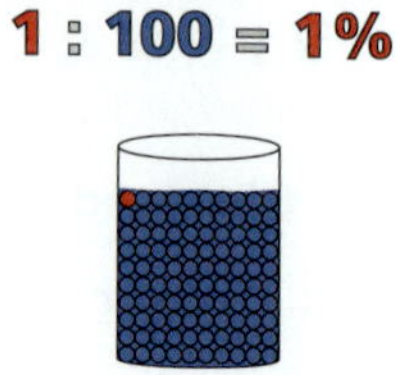

die **Prozentrechnung**
Pro·zent·rech·nung <-en>
eine Art zu rechnen, mit der man das Verhältnis verschiedener Zahlen, Mengen und Größen zeigen kann; ein Prozent ist der hundertste Teil von einem Ganzen
22.034

die **Subtraktion**
Sub·trak·ti·on <-en>
eine oder mehrere Zahlen werden von einer anderen Zahl abgezogen (subtrahiert); die einzelnen Zahlen heißen Minuend und Subtrahend, das Ergebnis ist die Differenz
22.035

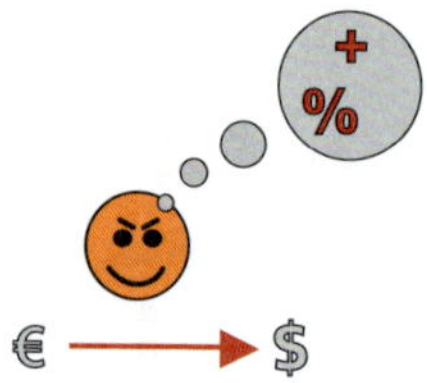

die **Währungsrechnung**
Wäh·rungs·rech·nung <-en>
eine Art zu rechnen, mit der man den Wert von Geld (Währung) eines Landes in anderem Geld berechnen kann, z. B. Euro in Dollar
22.036

L

M

Z

Cover: © Getty Images/iStock/KuzminSemen

Fotos Innenteil (jeweils von links nach rechts und oben nach unten):
S. 1: © Getty Images/iStock/KuzminSemen
S. 5: Gabriele Matthes, München
S. 6: © contrastwerkstatt - stock.adobe.com
S. 10: © Sondern - stock.adobe.com, © Thinkstock/Ingram Publishing, © Thinkstock/iStock/nobtis, © Thinkstock/iStock/YelenaYemchuk, © Thinkstock/iStock/Leks_Laputin, © Fischer Food Design - stock.adobe.com
S. 11: © fotolia/felinda, © olya6105 - stock.adobe.com, © Thinkstock/iStock/Ockra, © Thinkstock/iStock/KateLeigh, © Thinkstock/iStock/threart, © Thinkstock/iStock/AlexRaths
S. 12: © bidaya - stock.adobe.com, © andersphoto - stock.adobe.com, © rainbow33 - stock.adobe.com, © PantherMedia/Uwe Norkus, © Thinkstock/iStock/kieferpix, © Viktar Malyshchyts - stock.adobe.com
S. 13: © Shariff Che'Lah - stock.adobe.com, © yamix - stock.adobe.com, © Thinkstock/iStock/MayerKleinostheim, © Thinkstock/iStock/WJBurgwal, © Thinkstock/iStock/Evgeny Tomeev, © Thinkstock/iStock/luiscarlosjimenez
S. 14: © yurakp - stock.adobe.com, © Thinkstock/iStock/Myroslav Orshak, © Shpock - stock.adobe.com, © Elena Schweitzer - stock.adobe.com, © Thinkstock/iStock/Roman Samokhin, © sveta - stock.adobe.com
S. 15: © mates - stock.adobe.com, © Thinkstock/iStock/Andrii Gorulko, © Thinkstock/iStock/Martina_L
S. 20: © Thinkstock/iStock/DevidDO, © showcake - stock.adobe.com, © Thinkstock/iStock/antoniotruzzi
S. 21: © Thinkstock/iStock/Luda311, © Thinkstock/iStock/maceofoto, © Thinkstock/iStock/ValentynVolkov, © Thinkstock/iStock/hungryworks, © Thinkstock/iStock/hungryworks, © Thinkstock/iStock/studionobra
S. 31: © Thinkstock/iStock/zhykova, © Thinkstock/iStock/mweichse, © Thinkstock/iStock/ppart, © Can Stock Photo/uatp1, © Thinkstock/iStockphoto, © Thinkstock/iStock/pioneer111
S. 32: © Piotr Pawinski - stock.adobe.com, © Thinkstock/iStock/homydesign, © Thinkstock/iStock/popovaphoto, © mariontxa - stock.adobe.com, Gabriele Matthes, München, © Unclesam - stock.adobe.com
S. 33: © xzgorik - stock.adobe.com, © Thinkstock/iStock/EVAfotografie, © Can Stock Photo/gresey, © Coprid - stock.adobe.com, Gabriele Matthes, München, © L.Bouvier - stock.adobe.com
S. 36: © Marek R. Swadzba - stock.adobe.com, © Lucky Dragon - stock.adobe.com, © Thinkstock/iStock/urfinguss, © Sean M - stock.adobe.com, © Thinkstock/iStock/LeventKonuk, © Thinkstock/iStock/spet
S. 37: © Thinkstock/iStock/doomu, © Lucky Dragon - stock.adobe.com, © Thinkstock/iStock/gruffi, Gabriele Matthes, München, © Coprid - stock.adobe.com, © Clara Dinand - stock.adobe.com
S. 38: Gabriele Matthes, München, © Thinkstock/iStock/ArtCookStudio, © zelenka68 - stock.adobe.com, © Thinkstock/iStock/PinaCub, © Popova Olga - stock.adobe.com, © Thinkstock/iStock/kev303
S. 39: © womue - stock.adobe.com, © uwimages - stock.adobe.com, Katja Doubek, München, © Thinkstock/iStock/stickytoffeepudding, © Thinkstock/iStock/popovaphoto, © Sviatlana - stock.adobe.com
S. 40: © Thinkstock/iStock/Timacoch, © Can Stock Photo/VIPDesignUSA, © Can Stock Photo/biphotographs, © gezzeg - stock.adobe.com, © Schwoab - stock.adobe.com
S. 41: © Thinkstock/iStock/vav63, © Thinkstock/iStock/rimglow, © Thinkstock/iStock/Coprid, © snaptitude - stock.adobe.com
S. 44: © Thinkstock/iStock/margouillatphotos, © Thinkstock/iStock/robynmac, © Thinkstock/iStock/NatalyaTerr, © Thinkstock/iStock/karandaev
S. 45: © Can Stock Photo/photooasis, ©mitrs3 - stock.adobe.com, © Can Stock Photo/nito, © Can Stock Photo/ajafoto

S. 46: © Thinkstock/iStock/gbh007, © iStockphoto/adlifemarketing, © Thinkstock/iStock/margouillatphotos
S. 51: © Thinkstock/iStock/vinicef, © contrastwerkstatt - stock.adobe.com, © Thinkstock/iStock/mikafotostok, © Thinkstock/iStock/SUSANSAM, © Thinkstock/iStock/AlexRaths, © Thinkstock/iStock/matth_be
S. 52: © contrastwerkstatt - stock.adobe.com, © kungverylucky - stock.adobe.com, © Thinkstock/iStock/angelsimon, © Milan - stock.adobe.com, © Thinkstock/iStock/Kondor83, © Thinkstock/iStock/thodonal
S. 53: © Thinkstock/iStock/Lighthaunter, © Thinkstock/iStock/Banepx, © Thinkstock/iStock/PavelRodimov, © Getty Images/iStock/InaTs, ©ChiccoDodiFC - stock.adobe.com, © Can Stock Photo/buriy
S. 54: © nazarovsergey - stock.adobe.com, © Can Stock Photo/grafvision, © Esther Hildebrandt - stock.adobe.com, © Getty Images/iStock/bonchan, © Getty Images/iStock/vichie81, © Thinkstock/iStock/Armastas
S. 55: © Thinkstock/PHOTOS.com/Jupiterimages, © Thinkstock/iStock/Milkos, © Africa Studio - stock.adobe.com, © alexkich - stock.adobe.com, © Getty Images/iStock/LeMusique, © Thinkstock/iStock/Milkos
S. 56: © Philipimage - stock.adobe.com, © Philipimage - stock.adobe.com, © Maygutyak - stock.adobe.com, © juefraphoto - stock.adobe.com, © Thinkstock/iStock/Vima, © hansgeel - stock.adobe.com
S. 57: © Christian Jung - stock.adobe.com, © igor_kell - stock.adobe.com, © FomA - stock.adobe.com, © Silvia Bogdanski - stock.adobe.com, © Elisabeth - stock.adobe.com, © Getty Images/iStock/VeselovaElena
S. 58: © Thinkstock/iStock/KucherAV, © deniskarpenkov - stock.adobe.com, © Printemps - stock.adobe.com, © Thinstock/iStock/karimitsu
S. 59: © ExQuisine - stock.adobe.com, © Thinkstock/iStock/anakopa, © Getty Images/iStock/Kondor83, © Lucky Dragon - stock.adobe.com, © Thinkstock/iStock/manu10319, © fotoduets - stock.adobe.com
S. 60: © Leonid - stock.adobe.com, © Thinkstock/iStock/PavelRodimov, © Getty Images/iStock/gabort71, © Jiri Hera - stock.adobe.com, © Getty Images/iStock/KuchenAV, © akeeris - stock.adobe.com
S. 61: © Getty Images/iStock/angelsimon, © Thinkstock/iStock/Andrew1Norton, © leungchopan - stock.adobe.com, © gustavotoledo - stock.adobe.com, © superfood - stock.adobe.com, © zest_marina - stock.adobe.com
S. 62: © zest_marina - stock.adobe.com, © Getty Images/iStock/Amy_Lv, © Getty Images/iStock/mcpix, © shakishan - stock-adobe.com
S. 86: © topntp - stock.adobe.com, © murika - stock.adobe.com, © DenisProduction.com -stock.adobe.com, © Jörg Lantelme - stock.adobe.com, © familylifestyle - stock.adobe.com
S. 87: © Getty Images/iStock/yasuhiroamano, © Thinkstock/iStock/Madeleine_Steinbach, © azurita - stock.adobe.com, © Thomas Glaubitz - stock.adobe.com, © Thinkstock/iStock/bhofack2, © Anatoly Repin - stock.adobe.com
S. 88: © Getty Images/iStock/Lilechka75, © Getty Images/iStock/Andrei310, © lena_zajchikova - stock.adobe.com, © Thinkstock/iStock/Yingko, © Jacek Chabraszewski - stock.adobe.com, © Getty Images/iStock/ValentynVolkov
S. 89: © Thinkstock/iStock/Gangis_Khan, © Thinkstock/iStock/philipimage, © Thinkstock/iStock/Atide, © Thinkstock/iStock/simplytheyu, © Ekaterina - stock.adobe.com, © Bjoern Wylezich - stock.adobe.com
S. 90: © Thinkstock/iStock/Magone, © Thinkstock/Photodisc/Eising, © Getty Images/iStock/margouillaphotos, © Thinkstock/Photodisc/Eising, © chandlervid85 - stock.adobe.com, © Carmen Steiner - stock.adobe.com
S. 91: © mizina - stock.adobe.com, © Sonja Birkelbach - stock.adobe.com, © Thinkstock/iStock/Madleine_Steinbach, © photocrew - stock.adobe.com, © kiroivy - stock.adobe.com, © kab-vision - stock.adobe.com

S. 92: © stocksolutions - stock.adobe.com, © samael334 - stock.adobe.com, © Thinkstock/iStock/margouillatphotos, © Ildi - stock.adobe.com
S. 99: © Thinkstock/Photodisc/Eising, © Thinkstoch/iStock/OlgaMiltsova, © Thinkstock/iStock/MarianVejcik, © sewcream - stock.adobe.com, © indigolotos - stock.adobe.com
S. 100: © Brent Hofacker - stock.adobe.com, © photosaint - stock.adobe.com, © bilderexpertin65 - stock.adobe.com, © Thinkstock/iStock/samiylenko, © juniart - stock.adobe.com, © Thinkstock/Photodisc/Eising
S. 101: © Thinkstock/iStock/antos777, © Andrea Veneziano - stock.adobe.com, © Thinkstock/iStock/ptasha, © auremar - stock.adobe.com, © Africa Studio - stock.adobe.com
S. 102: © stockpics - stock.adobe.com, © MK-Photo - stock.adobe.com, © Thinkstock/Monkey Business Images, © Hetizia - stock.adobe.com, © Andrey Bandurenko - stock.adobe.com
S. 103: © mateusz - stock.adobe.com, © Angelov - stock.adobe.com, © FOOD-pictures - stock.adobe.com, © Louis Renaud - stock.adobe.com, © Thinkstock/iStock/pechevoy, © stockcreations - stock.adobe.com
S. 104: © Julián Rovagnati - stock.adobe.com, © VRD - stock.adobe.com, © Martin Rettenberger - stock.adobe.com, © st-fotograf - stock.adobe.com, © Africa Studio - stock.adobe.com, © Thinkstock/iStock/IngaNielsen
S. 106: © FOOD-pictures - stock.adobe.com, © FOOD-pictures - stock.adobe.com, © rostyslav84 - stock.adobe.com, © FOOD-pictures - stock.adobe.com
S. 107: © Can Stock Photo/dolphy, © Thinkstock/iStock/Yastrebinsky, © Zonda - stock-adobe.com, © pbombaert - stock.adobe.com, © navintar - stock.adobe.com, © FOOD-pictures - stock.adobe.com
S. 108: © monticelllo - stock.adobe.com, © silberkorn73 - stock.adobe.com, © viktoriya89 - stock.adobe.com, © Paweł Michałowski - stock.adobe.com, © colnihko - stock.adobe.com
S. 109: © Bill Perry - stock.adobe.com, © fotolesnik - stock.adobe.com, © radu79 - stock.adobe.com, © nnerto - stock.adobe.com, © gurb101088 - stock.adobe.com, © iStock/Pannonia
S. 110: © elena_hramowa - stock.adobe.com, © Leonid - stock.adobe.com, © RTimages.com - stock.adobe.com, © olandsfokus - stock.adobe.com, © Madeleine Steinbach - stock.adobe.com, © Africa Studio - stock.adobe.com
S. 111: © Africa Studio - stock.adobe.com, © Yakobchuk Olena - stock.adobe.com, © Africa Studio - stock.adobe.com, © Iblinova - stock.adobe.com, © ChiccoDodiFC - stock.adobe.com, © Pavel - stock.adobe.com
S. 133: © fotolia/T. Michel, © fotolia/markus_marb
S. 134: © Thinkstock/iStock/Stefanie Keller, © alona_s - stock.adobe.com, © fotolia/T. Michel
S. 135: © fotolia/T. Michel, © fotolia/bilderzwerg, © vektorisiert - stock.adobe.com, © fotolia/T. Michel
S. 136: © IEC 60417
S. 137: © tatianasum - stock.adobe.com, © iStock/designalldone, © fotohansel - stock.adobe.com, © jusep - stock.adobe.com
S. 139: © Thinkstock/iStock/Martin Keiler, © myviewpoint - stock.adobe.com, © Richard Oechsner - stock.adobe.com, © photocrew - stock.adobe.com, © gandolf - stock.adobe.com
S. 143: © Bundesministerium für Ernährung und Landwirtschaft (BMEL), © European Union, 2018

Illustrationen: Anja Wesner, München

Bildredaktion: Cornelia Hellenschmidt, Hueber Verlag, München

Inhalt der MP3-Dateien zum Buch:

Sprecher: Peter Veit
Produktion: Scheune München mediaproduction GmbH, 80797 München, Deutschland